福聚

環保輔具 愛相扶

慈濟人文真善美志工 ◎著

目次 Contents

第二章 落實環保 延續物命

第三章 無常驟至 生命轉彎

目次 Contents

第四章 用錢買不到的貼心

第五章 螢火微光 創造輔具價值

上人開示

輔具・福聚

現在的社會，老人愈來愈多，輔具的需求也愈來愈多，當家裡汰舊換新，或是不再需要時，不管是在山城還是偏鄉，慈濟人只要接到通知，就會趕緊前往將輔具回收回來，再仔細地整理。發現螺絲鬆掉、功能不正常，就修理好，還要清洗乾淨，經過消毒，就像新的一樣，再收進倉庫，等待有需要的人來申請。

哪裡有需要，不論是山上、偏鄉，還是沒有電梯的老公寓，甚至是澎湖、金門、馬祖這些離島，慈濟菩薩不怕辛苦，合眾之力，扛著輪椅、助行器、電動床……不論是什麼輔具，只要做得到的，總是會想方設法送到需求者家中。

在大愛臺的新聞報導中，看到志工們步步爬坡，那樣的辛苦，我可以感受得到，因為那個環境也是以前我去探視個案、家訪時，常常要走的地方。又看到菩薩們扛著電動床要爬四層樓，心很不捨、很擔憂，怕轉彎時，角度若是轉不過去，上面的人若拉不住，在下面支撐的人就很危險。而這些都是為了惜福，讓廢棄的輔具再度發揮價值，延續物命。

「慈濟環保輔具平臺」不只無償提供輔具，環保輔具團隊若是發現申請家庭是經濟弱勢，或是倆老相依、孤老獨居，還會結合訪視、人醫、長照團隊，全人、全家、全方位，一起做關懷，為他們清掃環境，改善居家安全，並且長期濟助生活。例如新竹的慈誠隊在一次送輔具時，遇到只有阿嬤一個人在家，就陪她聊天，關心她的生活，才知道她過了中午還沒吃午餐，就為她泡牛奶，再餵她喝。這種鐵漢柔情，是真正名副其實菩薩的情，叫作「覺有情」。

「菩薩」是覺有情，覺悟的有情人，哪裡有苦難，「藍天白雲」飄然而至，自動付出，用愛膚慰老、病與苦難者；看到了那個家庭許久沒有清掃，環境髒亂，灰塵積厚，就發心投入去付出，不怕髒、不怕臭，他們心裡總是有那一分超越平常人，願意付出。

這一群志工菩薩這樣的付出，很自然感動到了周圍的鄰居、朋友，進而啟動了愛心，伸出了雙手，愛的能量互動起來，這對於社區幫助很大。很感恩人與人之間可以互相呼籲、互相影響、互相帶動，為人間付出，這就是我們人生的價值，所以我天天都要說好幾次「盤點生命價值」。

慈濟人因為發心走入人群，所以能見證現在的社會生態，只要眾生需要，可以克服很多不曾做過的工作，無論粗工、細活，他們都做到了。最清淨的愛，就是智慧；最徹底的智慧，就是慈悲。菩薩見苦而心有不忍，所以發大心、立大願，走入苦難中去。人生虛幻無常，菩薩就是體會空幻的道理，借假修真，人間菩薩所緣，緣苦眾生，就是有這麼多苦難眾生，菩薩去見苦知福，了解「四聖諦」——苦集滅道。

苦是真理，若不覺苦，就會迷茫在人生中，所以我們要時時警惕！感恩有這許多人有志一同行在菩薩道中，成為苦難人生命中的貴人。體會到了苦，體會到了無常，體會到了一切虛幻，有真誠的真如妙法，就是佛心，可以發揮力量去解救苦難，這就是行菩薩道。

推薦序

福具到府 以愛相扶

撰文◎顏博文（慈濟慈善基金會執行長）

根據國家發展委員會統計，臺灣隨著人口老化、出生率低，六十五歲以上老年人口占總人口比率持續攀升，二〇一八年已步入高齡社會，預計至二〇二五年將邁向超高齡社會。獨老、雙老、大齡子女照顧高齡父母的家庭型態日增。尤其當長者罹病或將出院返家，不論長者自身的行動支持，或照顧者對長者的起居照料，都非常需要輔具減輕負擔，並給予更好的生活品質。

在慈濟的環保站，志工天天做環保，身心健朗，「愛地球、免長照」是他們的寫照。慈濟人敏銳感受到高齡社會的家庭需要，主動把環保站收回來的各種輔具修理清消、重賦生命，串起輔具「供」、「需」兩端；而慈濟人親自載送輔具到府，關懷的同時更把握這第一手的家訪，往返補足輔具，並發掘弱勢家庭、轉介予慈濟訪視團隊進一步扶困。原已無用的輔具透過慈濟人全自動、接地氣的服務回收再生，還成為架構社區關懷網絡的載體，這是慈濟慈善生命力創建環保輔具平臺的肇始。

由花東開始，二〇一七年三月慈濟基金會第一個環保輔具平臺正式成立，逐步擴展至一縣市一平臺，至今共十九平臺一百一十四處據點就近服務、彼此支援，輔具供需由點、線開展至臺灣全面，資訊藉最普遍的「LINE」平臺串流，各地湧入的需求及回收訊息因為慈濟志工的熱忱，服務全年無休、設備媲美專業，快速送到的效率，對每一個需要的家庭有如即時的甘露潤澤。

至二〇二三年九月止，已逾四萬二千個家庭收到慈濟的環保輔具，種類繁多合計近六萬五千件，若換算成金額，則為民眾節省逾新臺幣五億七千萬元，當中尚不包含慈濟志工無償投入運送以及電工、電機專業維修的服務成本。

慈濟環保輔具經社會投資報酬率（SROI）計算數值為八十一點一八，意即投入一元成本可產生八十一點一八元的社會影響力。正面影響能減輕需求者的財務負擔、改善生活品質、提升心理與身體的安全感及提升正面情緒。數值與成果在二〇二三年四月取得Social Value UK認證，環保輔具平臺之慈善服務與慈濟於二〇〇五年發表之《慈濟永續白皮書》揭櫫之友善環境、友善地球相符，並確實與聯合國「2030永續發展目標」（Sustainable Development Goals, SDGs）SDGs目標三：良好健康與福祉（Good Health and Well-Being）、SDGs目標十二：負責任的生產消費循環（Responsible Consumption and Production）契合。

二〇二三年，慈濟「SDG03 環保輔具見證慈善永續」榮獲臺灣永續行動獎（TCSA）金獎，標誌出慈濟志工的慈善行動，具備迎向全球趨勢與社會蛻變的趨動力。未來，慈濟基金會計劃建置各區環保輔具運作中心，讓回收、消毒、清潔、維修、存放、檢修、送出等作業配備標準的空間及人力，協助志工團隊更貼近社會大眾的照護需求。

證嚴上人曾讚歎環保輔具菩薩們「愛物、惜物，把舊變新發揮大用；無私付出、不貪名求利，真正是地方上的好人，讓人感恩又感動」。更慈祥比喻

「要將生命當作輔具，好好地惜福，自我修整多付出」，「人間好事，大家要一起來推動，尤其慈二代、慈三代，我們需要代代相傳，一起呼籲更多的年輕人、中壯年一起來投入」，慈藹給予環保輔具菩薩團隊肯定，更殷切盼望世代接棒善行永續。

透過慈濟人文真善美志工洗鍊的文字記載，讓環保輔具平臺的溫馨故事出書，從大安區的天龍國到澎湖外海的小島，從修繕門外漢變無師自通，從沒地方、沒車，也沒人，做到團隊凝聚再跨縣傳承，在老公寓徒手扛輔具上五樓，抬著輔具在基隆爬階梯……閱讀本書，彷彿看見每一位師兄師姊細心清消，感受他們揮灑著汗水，還有盼望著更多年輕人一起加入「輔具送福疼長者」的隊伍。謹向所有投入環保輔具及本書的志工、職工表達感恩之意，輔具、福具送福到戶，有您真好。

推薦序

環保輔具 陪你撐起失能家庭

撰文◎呂芳川（慈濟慈善基金會慈發處主任）

臺灣長期照顧需求人數，根據衛生福利部推估，在二〇二三年會突破九十萬人，再過三年將突破百萬大關；其中影響人數大幅增加的主因，在於人口快速老化。

而另一項「國人不健康餘命」統計，若忽略近三年來COVID-19造成死亡人數突然大量增加的影響，七十歲以上長者在往生前，平均要面臨至少八年的時間，處於需要長期照顧的失能狀態，且每日受照顧時間逾十三小時。照顧的責任，全落在身旁的家人身上，也因此愈來愈多人被迫兼職，甚至成為全職的家庭照顧者。

失能人口的增加，伴隨的是輪椅、便盆椅、助行器、電動床、抽痰機等輔具的需求激增。假使人們在需要時都是購置全新輔具，不使用之後，就會變成許多回收物，消耗地球資源，也是製造環境的負擔，更何況部分輔具價格昂貴，不是一般家庭都能負擔得起。

長期照顧，儼然是許多家庭正在面對或即將面對的重擔。

證嚴上人長年關心社會問題，慈濟基金會與慈濟志工在上人的帶領下，推動關懷社區化，一九九八年協助政府進行獨居長者關懷；二〇一一年開始長者居家安全改善，提供安全的無障礙空間；二〇一四年開辦社區關懷據點，將生活周遭的鄰居當作親人彼此照應；二〇一七年進一步成立環保輔具平臺，為有需要的家庭提供輔具資源。

慈濟環保輔具平臺的推動，與慈濟志工關懷社會弱勢、愛惜大地的心情相同。志工在社區落實資源回收的環境保護工作已逾三十年，回收物中不乏遭棄置但狀態良好的輔具。志工因惜福而延續使用，在環保輔具送出前，具有機械維修專長的志工會負責確保環保輔具的功能及使用安全，再透過徹底的清理、消毒，才會送到申請人的家中。

花蓮環保輔具平臺甫成立時，花蓮慈濟醫院就提出大量申請，因為很多即將出院的民眾，都有輪椅、電動病床或拐杖等需求。此外，慈濟會所也時常接到民眾打電話詢問能否申請輔具，志工進一步了解後，發現許多申請者家中經濟條件並不好；環保輔具平臺此時也發揮慈善的功能，結合訪視志工、人醫會志工投入關懷，這也是與其他輔具租借中心最大的差別。

而且不論申請者申請多少件、使用時間長短、輔具原價昂貴與否，或是否需要載送搬運，慈濟環保輔具平臺一律不收費！由於志工抱持「付出無所求」的初衷，單純希望可以助人，得知有人需要幫助，總是盡快聯繫、處理，這正是平臺最可貴的地方。

繼花蓮成立平臺之後，慈濟志工心裡最盼望的，就是造福更多偏鄉、原鄉或離島貧病苦難人的需要。因此當志工走進一個個家庭，看見申請者的其他需求後，便再調整環保輔具平臺申請單，增設提報貧困弱勢關懷、長照評估服務選項，以便進一步關懷。

目前環保輔具平臺已逐步拓展至全臺十九個縣市，又依據各和氣組隊能提供的空間，設有一百多處環保輔具據點，每個據點的成立都會帶給社區活力泉源。有需求的民眾，可以上網填寫環保輔具申請單，或打專線電話說明需求；各據點志工組成聯繫群組，即時處理當地提報的需求及慈濟花蓮本會窗口分派的網路申請單，此外也進行後續回收。

至二〇二三年九月為止，已有六萬五千多件的環保輔具，在慈濟志工的愛心護送下，進入四萬二千多個家庭中。

為了感恩慈濟志工與各地村里長、社區志工的投入，讓這麼大量的環保輔具重獲新生，繼續為更多被照顧者提供更舒適的生活，也減輕照顧者的負擔，提升生活品質，慈發處與文史處共同策劃出版《福聚：環保輔具愛相扶》一書，記錄全臺環保輔具團隊的運作概況以及背後的溫馨故事；更期待藉此啟發更多有志青年共襄盛舉，在超高齡社會來臨時，對長者的關懷能夠更加地溫馨。

編者的話

環保輔具送暖 重拾人間溫情

撰文◎黃湘卉

二〇二二年十月二十五日起，證嚴上人出門到各地去主持歲末感恩祝福會。這期間，各地環保輔具志工團隊透過與上人的溫馨座談，報告他們在社區付出的心得與感動。上人看了多少人間事，聽了多少人間苦，也看到多少人間菩薩的成就；上人讚歎，這就是菩薩！雖然與對方非親非故，但無緣大慈，同體大悲，你、我、他一起付出，人力與物力就能具足。

文史處同仁聽到了上人的慈示，立即把握因緣，進行全臺「慈濟環保輔具平臺」溫馨故事的盤點，從「慈濟全球社區網」及「大愛電視」節目中，看到已經有環保輔具的相關文稿與影片報導。於是開始構思將這些溫暖人心的故事結集成冊，在社會中帶起更大的善效應。

全臺人文真善美啟動 來一場實作體驗

過了農曆春節，二〇二三年二月十七日這天，文史處與慈發處進行會議，共識出版一本慈濟環保輔具專書，首先於四月合辦東、北、中、南等四區說明會，引導環保輔具團隊分享故事，並邀請人文真善美團隊出席聆聽，最後兩團隊相見歡，確立後續訪談、記錄與彙編的進行。

這群熱愛分享故事，喜歡攝影的人文真善美志工，本著「使命必達」的精神，在接下來的五、六月，短短二個月的時間內，上傳了八十一篇輔具報導的大藏經。

文史處編輯團隊從七月開始，詳實地把這八十一篇文稿一一看過，再與慈發處討論。考量目前輔具平臺的設置辦法、運作模式、資源分配等皆在整合階段，雙方決定第一本專書將著重在呈現慈濟環保輔具推動的全貌，結集各區溫馨故事與因緣。

輔具是慈善之鑰 看見社會的需求

在這麼多的慈濟環保輔具申請紀錄中，我們發現到除了長者的需求，還有慢性病、功能障礙、中重度身心障礙者等，慈濟長年關懷的弱勢個案，亦有輔具的需求。對他們而言，購置全新輔具遙不可及，要申請公部門租借或補助款卻是緩不濟急。

就如居住在桃園市復興區的原住民陳天龍所言，他具有低收入戶身分，購買輔具可以申請政府全額補助。然而，當他向復興區公所申請輔具補助時，承辦人員卻要他先行購買，再拿收據來申請。陳天龍向慈濟志工表示：「我已經沒有錢了，怎麼可能這樣做？所以才會向慈濟申請。」

另外，編者在大愛電視「行動現場」的節目中，看到新竹環保輔具的報導；爾後又在「慈濟全球社區網」中，再度看到相同的案家故事「一件輔具圓十年的夢」，內心不由得感嘆兩老相依，臥病不得自主的悲苦。

但也為他們感到高興，因為輔具需求的緣，把他們和慈濟連結在一起，志工不只提供輔具，也為他們打掃、粉刷住家，並改善生活環境，讓在外工作且有家庭的女兒，一圓努力十年仍無法完成的願。

閱讀這些感人的故事，編者內心也產生積極正向的思維。一群人的付出，解決了受助者的苦境，也慰藉了家屬的心靈，這樣的美善故事，應該讓更多人看到，進而學習。

盤點生命　造福人間創造價值

二〇一八年二月，上人提出「壽量寶藏」的概念，鼓勵年長的志工將五十歲存入，重拾青壯年時期的熱忱與衝勁，用現有的成熟思想，豐富的社會經驗，以及得體的應對禮節，持續投入慈濟志業。

此後，上人又跟志工說「自我盤點生命的價值」。生命的價值，不是為自己享受多少，是為人間付出；而在訪視過程中，許多志工看到與自己相同年紀的案家因病而苦，都會感恩自己的健康，體會到「知福、惜福，更要造福」。

投入環保輔具的志工，普遍年齡落在六、七十歲左右，在上人的勉勵下，努力精進，雖然面對需要勞力的輔具搬運，仍然不懈怠。把舊的輔具回收，清潔、修理到煥然一新，哪個家庭有需要，就專程送過去。有些貧窮病苦人住在山間，再重的電動床，志工們也爬坡扛上去。

志工不怕辛苦搬送，就算是高樓的住戶仍合力搬運親送到府。有些生手剛開始真是吃足苦頭，一遇到狹小的樓梯，搬運中有人撞到牆角，有人壓傷手指，甚至還有人撞到腿腳瘀青……

即便付出的過程身體受了傷，志工事後的分享，總是不約而同地表示，只要看到案家在使用輔具時，臉上露出笑容，一切的辛苦就都化為幸福了。

見證志工行誼 啟蒙青年永續慈濟

看到年長志工精進不懈，重新在輔具付出中，找到生命的價值。上人心中滿是感恩卻又不捨，屢屢提及要讓慈二代的孩子來投入。以前的社會普遍窮困人多，就是慈善，現在慈善建構起來了，需要人力，更需要心力，這需要慈濟人好好地來呼籲。慈濟人要鼓勵年輕的慈二代、慈三代，有志一同，願意為社會人群來付出。

編輯此書，衷心期盼這本書能成為溝通的媒介，除了記錄慈濟環保輔具服務的個案故事，發掘出人與人之間溫馨的美善故事，深入看見慈濟志工的深度關懷行動。真心希望此時此刻，看到此書的朋友們，能啟蒙你們的善念，加入慈濟志工助人的行列，讓我們如螢火蟲一樣，發揮群光，照亮黑暗。

此舉更是回應上人的殷殷呼喚，期待慈二代、慈三代看到這本書，起而行動，承擔慈濟精神；能夠做到讓父母高興，是最大的孝，讓父母與有榮焉，那就是最有價值的人生。

第一章

看見社會需求　縮短城鄉差距

延伸慈善服務
花蓮環保輔具平臺肇始

輔具，是輔助器具（Assistive Devices）的簡稱，指幫助人們在日常生活、工作、就學、就醫方面更加獨立、方便、安全，也能幫助照護者更輕鬆地照顧個案的工具。

慈濟慈善工作從弱勢家庭濟助到心靈關懷，包含長期扶困、急難救助、居家關懷及海外慈善。現今因應高齡社會的趨勢發展，環保輔具成為慈善之鑰，隨之而來的持續居家訪視關懷，協助解決生活困頓，對志工而言，在在都是嶄新的體驗與學習。

高齡社會來襲 照護需要幫手

高齡社會強勢來襲，二〇二〇年國人平均壽命達到八十一點三歲，創下歷年新高。伴隨而來的還有慢性病、功能障礙的人數提升，加上中重度身心障礙者等，據衛生福利部統計推估，二〇二三年全臺失能人口將超過九十一萬，輔具的需求逐年攀升。

為了照顧民眾對輔具的需求[1]，政府與民間紛紛提供不同管道，當中「輔具租借」正是常見的一種方法。國際間如美國和日本，實施「輔具租借」已行之有年；日本政府就提供十多項基本及特殊輔具租借，除了有一定收入者須繳交二到三成的租金外，一般民眾只需負擔一成費用。

在臺灣，政府除了補助身心障礙民眾與長照需求者購買輔具，也與民間機構合作，在各縣市設立輔具資源中心，諮詢、租用或免費借用等服務項目，則依各縣市不同。

初次接觸二手輔具，少數人心中可能有些猶豫或罣礙，「別人用過的，乾淨嗎？」然而，對於經濟負擔不起，或是有急迫需求的人們來說，已無暇顧及獲得的

1 資料來源：《慈濟》月刊六五二期（不租不賣的環保輔具平臺 撐住失能歲月），陳麗安撰文。

輔具是新，還是舊。

不租不賣的環保輔具 撐住失能歲月

在花東地區，慈濟志工長期關懷弱勢家庭與偏遠部落，過程中發覺民眾對於輔具的需求；依據不同病況，民眾使用輔具的時間有可能是兩、三天或好幾週，但也可能是長期使用。

然而，輔具的價格從幾千到幾萬元都有，並非人人都能負擔；花東地區幅員廣大、路途遙遠，要去到輔具資源中心也有其困難。

「起初北部下來協助的志工，甚至會將回收輔具從北部運送到東部。」慈濟慈善基金會慈善志業發展處呂芳川主任說明，隨著時間拉長，輔具需求範圍愈來愈廣，為了更全面地照顧到不同地區，大家開始思考，「是不是要從各地找資源，並找地方存放輔具？」

此外，慈濟會所也時常接到民眾打電話詢問能否申請輔具，志工進一步了解後，發現許多申請者家中經濟條件並不佳。於是，二〇一七年三月，「慈濟環保輔具平臺」於花蓮正式成立，倉庫就設立在靜思堂地下室。

「這個平臺的推動，與慈濟志工關懷社會弱勢的心情是一樣的；志工發現，需要輔具的案家很多，紛紛自主加入，這股善心也因此逐漸凝結成大力量！」呂芳川回憶，花蓮環保輔具平臺剛成立時，花蓮慈濟醫院就提出大量中請，因為很多即將出院的民眾，都有輪椅、電動病床或拐杖等需求。

多數輔具回收時狀態良好，志工因「惜福」而延續使用，「環保輔具平臺當中的『環保』，其實就是延續物命、愛護大地之意。」呂芳川也強調，將環保輔具送出前，志工一定會確保清潔和安全；久而久之，志工個個都成

玉里地震後訪視關懷中，得知黎先生的困境，關山據點志工陳卓瓊華馬上送來輔具供其使用。（攝影／林家如）

了清理與維修輔具的高手。

與其他輔具租借中心最大的差別在於，無論申請者申請多少件、輔具原價昂貴與否，「慈濟的環保輔具平臺一律不收費！」呂芳川說明，由於志工抱持「付出無所求」的初衷，單純希望可以助人，得知有人需要幫助總是盡快聯繫、處理，無論使用時間長短，均不需租金，甚至連「運送費」亦不收取，這也是慈濟環保輔具平臺最可貴的地方。

慈濟志工跨海接力 愛的陪伴隨時都在

二〇一九年十二月六日，花蓮阿美族光榮部落的林紫妍半夜接到一通來自緬甸的視訊電話，告知先生中風的噩耗。透過視訊，她看到先生亞伯拉罕一個人蜷曲在病床上，當下真的是心疼、焦急；隔天清晨，行李簡單打包，她就衝去緬甸救人了。

林紫妍的表哥把她去緬甸救難的訊息放在網路上，輾轉被緬甸慈濟志工李金蘭知道了。

李金蘭本身是緬甸人，回憶道：「我接到了提報，了解情況後，就馬上趕往醫院。因為他完全沒有意識，也無法回應。心想若自己有家人在國外出了意外，內心會有多大的焦慮、無助，所以當知道家屬紫妍已經在辦理簽證來仰光的途中，我們開始規畫如何安排人力來陪伴。」

林紫妍人到了緬甸，李金蘭馬上跟她說：「紫妍妳不用擔心，既然來了，妳就好好照顧先生；錢的事情，我們會幫妳打理。」因為仰光的醫藥費用真的很驚人，光是一天加護病房，就等於新臺幣四萬多元。李金蘭籌措了一筆錢，協助支應醫療的費用，還包含國際專機SOS，無論是車資、往來、接送、住宿，都是

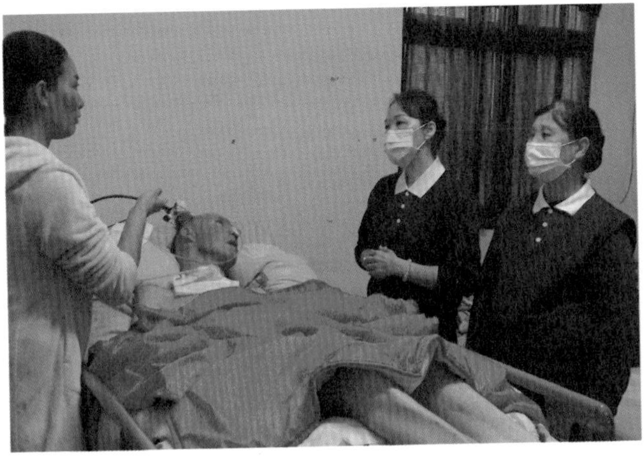

花蓮環保輔具平臺協助提供環保輔具，志工也定期前往林家陪伴林紫妍與她的先生亞伯拉罕。（攝影／張揚川）

慈濟志工幫忙打理。

回到花蓮之後，由於亞伯拉罕沒有身分證，無法使用政府的資源及長照系統，連租借輔具都沒有辦法；後來也是透過關懷他們的慈濟志工，才申請到免費的輔具。令林紫妍更加感動的是，郭木童、張揚川、陳偉賢、林建廷等志工接力，送輔具到醫院及家中；輔具壞了，要更換或是修理，慈濟志工也都幫忙服務到底。

志工主動送輔具　以愛啟善擴效應

二〇二二年九月十八日，臺灣東部花蓮縣玉里鎮發生地震，造成民宅毀損。慈濟啟動家園修繕計畫，協助居民恢復家園；有些人家

在二〇二二年九月的慈濟人醫年會上，光榮部落原鄉舞蹈團團長林紫妍（右）與五歲女兒表演親子舞，以感恩心來回報慈濟對她先生的援助。（攝影／郭明娟）

裡受災較輕，也跟著慈濟人去幫忙獨居老人修繕，互助的力量，讓玉里鄉親更快從震災陰霾中走出來。

在檯燈微弱的光線下，志工把裂掉的浴室地磚逐一打掉，準備置換。地震後，黎家的好幾處空間都有明顯裂痕，黎太太原本想等子女有空時再找人修繕，沒想到志工不請自來。

黎太太說：「本來牆壁裂縫、浴室裂縫這些沒有很嚴重，慈濟人來關心，我就告訴他們，他們就說要幫我修繕。我很感恩，很感動啊，只是小小的裂痕而已，還幫我們做得這麼完善。」

完成修繕後，志工們送上祝福結緣品，並探視臥病的黎先生。得知他需要醫療輔具製氧

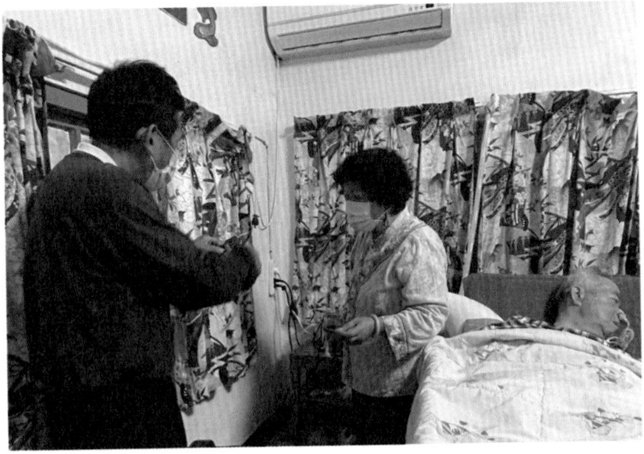

志工持續支援氧氣製造機、移位板及紙尿褲等輔具，並將氧氣製造機使用方法告訴黎太太。（照片提供／劉秋伶）

機、抽痰機、高背輪椅、氣墊床等，志工們馬上安排，當天就從臺東調來所需輔具設備，半天之內就緩解了黎先生之需。

當黎太太接過結緣品、月刊時，歡喜說著：「我要每天投竹筒[2]，祝福先生和家人平安健康，天天植福，讓福氣多多。」她讚歎慈濟志工的高效率，並發願到玉里靜思堂作志工，也為全家五位家人加入慈濟會員。

病痛纏身陷困境　往診關懷送輔具

四十二歲的原住民夏先生，因為兩隻腳嚴重痛風無法工作，慈濟醫療團隊到家中往診，評估他的用藥與營養狀況。二〇二三年三月，夏先生因感染併發敗血症、多重器官衰竭，住

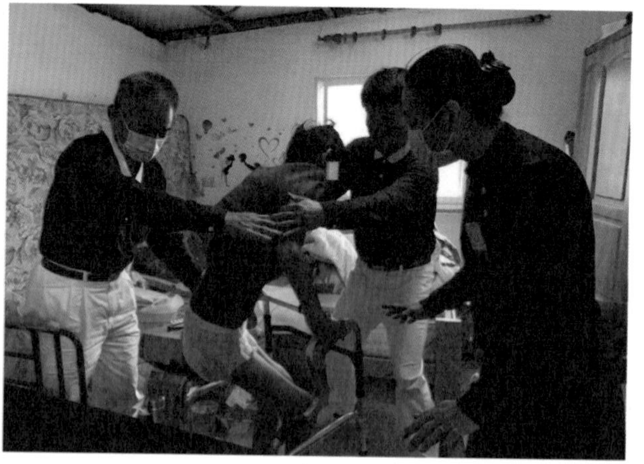

多重器官衰竭的夏先生，現由花蓮當區志工持續進行居家關懷。左起：江永發、曾泓程、潘惠珠等人。（攝影／張揚川）

院治療。出院後，志工開始認識這一家人，第一步就是送來電動床、扶手等設備。

「來看他的時候，人躺在床上，真的是奄奄一息；經過他老婆（同居人）細心照顧，以及在我們師兄、師姊的關懷下，他的氣色愈來愈好轉。」志工張揚川、江永發、曾泓程、潘惠珠等人為他送來電動床。

夏太太欣慰地表示：「他可以自己行動方便，已經好太多了。前半個月還不能坐起來，才不到三個禮拜的時間，現在他可以完全自己坐。」

在積極的行動、真誠的愛灌注下，看見生命的希望在綻放；志工定期訪視鼓勵，看到夏先生一天、一天愈來愈進步，大家都感到無限歡喜。

2 一九六六年慈濟成立之初，三十位家庭主婦相約每天出門買菜前，投下五毛錢到竹筒裡，作為濟貧扶困的慈善基金；五十年後的今天，效法當年的「竹筒歲月」，除了緬懷，也提醒每個人時時起善念、行善行。

因慈濟輔具 圓了十年的夢

「是夢吧？我沒想過廢墟可以變成一個正常的環境！師兄、師姊和大家的努力，不畏昆蟲努力地幫我們刷洗整理，一袋袋地運走垃圾，真的很感謝！」案家女兒鄭小姐感動地說。

居家環境堆積如山 兩老家庭無路可走

昏暗的客廳與堆滿雜物的桌子，這是老老相依的生活無力改善居家環境的典型寫照，也是臺灣即將迎來的超高齡社會，每五人就有一位是六十五歲以上長者所可能面臨的困境。

新竹縣芎林鄉有一位七十五歲的鄭阿公，年輕時因工安意外造成身體癱瘓，長期臥床讓他的體重不斷增加，上百公斤的身軀，負責照護的阿嬤無力為他翻身，血液循環不良，產生了壓瘡。

除了居服員來服務的兩個小時，其餘時間都得依靠阿嬤自己照料阿公。鄭阿嬤患有帕金森氏症，雙手會不自主地顫抖。阿嬤自己行動都不穩了，卻還要照顧長期臥床的先生，身心疲憊。

兒子離家鮮少聯絡，而女兒鄭小姐雖然已婚，平日須忙於工作和家庭，仍是每週抽空回家探望老父、老母。鄭小姐深知這樣的生活方式與環境對倆老都不好，也曾努力做改善，但一己之力能做的實在有限……面對這一塊心上的大石頭，她充滿了無力感。

二〇二三年一月，鄭阿公身體慢慢惡化，三月住進醫院後，阿公整個身體狀況、腦力跟

志工為案家清理、打掃居家環境，清除堆積如山的雜物，以便騰出空間，為案主安置電動床。（攝影／劉明珠）

思維力都變差了。阿公長時間進出醫院，醫院的社工也看到老老照顧上的無奈與不便，於是主動與「慈濟環保輔具平臺」聯絡。新竹環保輔具平臺志工方奇輝在接受到申請資料後，馬上來到案家了解需求和勘查家庭環境。

徵得鄭阿嬤的同意，方奇輝開始四處勘查，了解居家環境，上了二、三樓之後，堆積如山的雜物，更讓他感到寸步難行。看在方奇輝的眼中，這個家庭已經不是單純送輔具，就可以改善生活，女兒之前所形容的「沒有路可以走」，他現在終於見識到了。

「好，再麻煩你，這個可能要儘快，因為他現在已經回來家裡了，還是需要儘快處理好不好？」方奇輝主動拿起電話，向訪視組請求

志工們戴上手套、挽起袖子，將三層樓的屋內雜物，用人龍接力搬運出去，不一會兒，雜物就堆滿了狹小的巷道。（攝影／古茜雯）

居家環境打掃。

改善生活品質 從清理居家環境開始

二〇二三年四月，慈濟志工會同村里長、社工、長照機構居服員同仁與眷屬一行約五十多人，來到鄭阿公的家。

方奇輝在屋前的巷弄間簡單向大夥說明進屋清運打掃的分工，接著女兒鄭小姐與志工楊秋燕合力將鄭阿公從床上抱到輪椅上，推著他到屋外曬曬太陽。曬暖暖的太陽，灑在他身上的陽光，看似再尋常不過，卻是鄭阿公臥床以來，足足有七年之久沒有再碰觸過的溫暖。

從樓梯到房間、從房間到廚房，發霉的黑，與塵垢堆積的灰，幾乎是屋內僅剩的色彩。樓梯僅能容許一個人通行，在屋內的志工們戴上手套、挽起袖子，用人龍的方式接力將雜物搬運出去，不一會兒，雜物就堆滿了狹小的巷道。

志工從樓上接力搬下來的廢棄物中，有電鍋、藤椅、圓桌、茶几、熱水器、鋁梯、大賣場購物推車、沙發椅、磚塊、映像管電視機……

家中雜物堆積如山，儼然是個小型回收場。所有人百思不解的是，一個好好的家怎麼會變成這樣？原來鄭阿公早年工作意外受傷，為了養家，只能努力做回收，這些都是他撿回來的寶。或許是那些物品給了他安全感，也或者是他覺得那些都是他辛苦撿來的東西，所以不容許別人去觸碰或丟棄它。

一群人的付出 圓滿十年的遺憾

在陰暗角落生存的小生物們受到驚擾，紛紛四處逃竄。方奇輝跪在床邊地板，用掃把在床底撈呀撈，再迅速用雙手奮力一撲，喊著：「抓到了！抓了好久，終於抓到了！」他從地上起身，眾人這才看清楚他手裡握的，是一隻

慈濟志工清洗地板，為案家整理出舒適的環境。（攝影／古茜雯）

活生生的老鼠！

方奇輝雙手「護送」老鼠到屋外的田野間放生，祝福老鼠不要再回來這裡生活了。

之前，看到如此髒亂的環境，女兒鄭小姐說她也曾努力過，但都徒勞無功。她曾經邀請同事一起來整理，好不容易清出一個空間，卻花了大半天、甚至是一天的時間，過程相當辛苦。

客廳裡三張木椅併在一起，就是阿嬤的「床」；為了方便照顧丈夫，她就睡在這張硬梆梆的木椅上，毫無生活品質可言。阿嬤十年來從沒睡好過，一坐在椅子上就不自覺地打盹；加上居家環境的氣味不佳，無論是心理或生理，阿嬤身上都積壓著許多負面情緒。

面對這樣的情況，鄭小姐感到非常無奈，知道這樣的環境對父母親的健康不好，讓她長期背負著無力感。一群人的付出，成就了一個女兒努力十年，卻一直無法完成的心願，從一個輔具開始，就如同做夢一般，心願卻是真切地獲得實現了。

煥然一新的家 一張床讓阿公阿嬤睡好覺

方奇輝勘察現場時，聽到阿嬤長年累月睡在木椅上，於心不忍。他心中盤算著，「這裡少了一張電動床，還少了一張陪伴床！」人多力量大，在眾人的努力下，這個家，總算騰出空間容納電動床了。

志工為電動床套上新床單，楊秋燕拍著新床單對鄭阿公說：「這是我選的圖案，很可愛唷！」鄭阿嬤驚訝地問：「多少錢？」楊秋燕回：「送妳！」鄭阿嬤和鄭阿公倆人露出安心又滿意的笑容。

一群人的付出，讓原本不說話、對人有戒心的鄭阿公，居然破天荒地開口，對慈濟志工說：「謝謝慈濟！」

不只有電動床入厝，連鄭阿嬤專屬的床也進來了，床的寬度足足比她之前睡的木椅寬快要一倍。楊秋燕拉著阿嬤，為她示範新床的使用，「阿嬤，您來躺躺看，這個護欄拉起來就好。」

鄭阿嬤滿意地坐在床緣，露出開心的笑容。鄭小姐十年來的心有餘而力不足，現在終於能夠放下心中的大石頭。孝順的她，只希望爸爸能在所剩的人生裡面，得到更好的照顧以及生活品質。

打掃當天，志工實地觀察，後續又送來第二批輔具，其中的翻身枕，可以讓阿嬤照護上更便利。方奇輝拿起翻身枕，讓阿公的腳放在上面，楊秋燕拉著阿嬤說：「這樣子就能幫阿公翻身了，阿嬤妳好棒！您抱阿公的腰往上推，這樣子就把他翻過來了！」

打掃完的隔日，慈濟志工再度來訪。床上的阿公，睡得正安穩。阿嬤怕吵醒丈夫，悄聲地告訴志工：「這房子怪怪的……變得好寬、好乾淨！」掩藏不了的笑意爬上阿嬤的臉，她還分享了一個小祕密，說志工打掃完才離開不久，阿公就問起了志工的去向，還掉了眼淚，因為感動又感恩。

案家躺在志工送來的環保病床，老夫妻睡得安穩，終於走出多年來困頓不安的境遇。（攝影／古茜雯）

志工也陸續為房子進行修繕及重新粉刷油漆，斑駁的牆壁煥然一新。

病苦的啟示　讓夫妻同心助人

其實，方奇輝與楊秋燕倆夫妻能對病苦與照顧者的辛勞感同身受，緣自於昔日楊秋燕的一場大病。

將近二十年前，楊秋燕因癌症化療住院。在身心備受折磨下，她無意間看到大愛電視的節目，如獲甘霖，因此主動聯繫慈濟新竹聯絡處。老天爺眷顧，後來楊秋燕抗癌成功並走入慈濟作志工，也成為方奇輝進入慈濟，背後那雙最重要的推手。

楊秋燕勤於訪視、助念等等活動，方奇

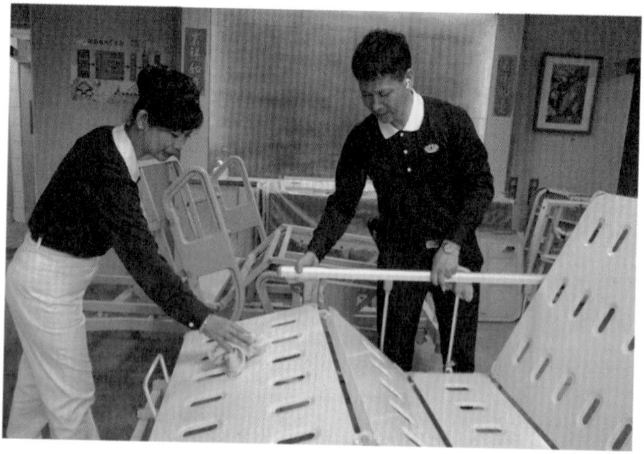

方奇輝與楊秋燕夫妻倆合力清消醫療病床。（攝影／葉晉宏）

輝總義不容辭地載妻子參加勤務，「順便」陪著妻子做慈濟，幫忙撰寫個案訪視紀錄。陪同妻子出勤務久了，方奇輝開始想為證嚴上人承擔更多慈濟事，於是在妻子的鼓勵下培訓受證。

在市場賣水果的方奇輝與楊秋燕倆夫妻同心同志願，同進同出作志工。方奇輝認為，有捨才有得，在接下輔具任務後，原本水果生意的營業時間，也配合志工勤務而作彈性調整。

雖然為此捨掉許多做生意賺錢的機會，卻增添了很多服務他人種福田的功德財；一分使命感支撐著夫妻倆跑遍山上、偏鄉與離島運送輔具，他們認為，把握機會行善，比任何事都來得重要。

因緣巧妙，上人賜給這對夫妻的法號，冥冥中似乎亦賦予極深的意涵。方奇輝法號「濟昉」，楊秋燕法號「慈映」，夫妻倆對自己的法號如此解讀：「兩個合起來就是『慈濟』，而『映』是倒影的意思，『昉』是初升的太陽；初影必須有光去照，而這光也要去照亮別人，照耀大地，這是上人對我們的期待。」方奇輝與楊秋燕相視微笑，兩雙堅定的眼睛，蘊藏的默契已不言而喻。

不只提供輔具 陪伴關懷度過難關

「很多事情恰巧遇到好因、好緣及貴人，冥冥之中有菩薩的安排，尤其在緊急的狀況下，意外得到輔具及居家環境清掃。」志工李益昌敘述他協助法親家人度過難關的過程。

靠打零工養家 丈夫突因病臥床

二〇〇九年受證委員的張瑞馨，住在臺南市善化區，原本家境小康。她的先生健康上有「三高」及抽菸的狀況，從職場退休後，在自家耕種簡單的農作物，家中的經濟重任，則落在靠打零工養家的張瑞馨身上。她的兒子無法適應職場，一直處在待業中，女兒則遠在高雄工作。

二〇二三年一月九日早上，「喂！喂！美容師姊，我先生無力地癱躺在地上暈過去，怎麼辦？」張瑞馨六神無主，慌張地打電話向組長白美容求救。

白美容那時正開著車前往嘉義大林的路途中，只能趕緊向大家稱呼「土地公」的洪清坤詢問如何處理；遇到問題總是會想辦法解決的洪清坤，馬上叫救護車將張瑞馨的先生送到醫院。

抵達醫院後，檢查結果是腦部蜘蛛網膜出血，必須馬上接受開刀手術。經過十天，在小年夜前一天（十九日）就可出院。細心的白美容，想到出院後可能需要一些輔具及電動床，於是跟著張瑞馨回到家中，一起討論如何規劃房間的動線及如何擺設電動床。

協助清掃環境　拯救居住品質

「怎麼會是這樣子啦！」白美容驚恐說道。

到了張瑞馨家中，白美容才發現，原來她居住的環境如此惡劣，整棟房子雜物堆積如山，多樣家具、紗窗、紗門都破損，甚至床也壞掉。生活節儉的她，日常用品、衣服等都捨不得丟，日積月累下來，數量真的很可觀。

「沒有像樣的床、衣櫥、家具……如何住人呢?!」一面講電話、一面哭泣，心中充滿不捨的白美容，看到張瑞馨整個家的環境如此雜亂簡陋，趕快打電話給洪清坤，想辦法幫忙如何清理環境及整頓房子。

張瑞馨受證後承擔精進組，是一個默默付出的志工，只要哪裡需要助念或公祭，總是排除萬難參與。志工間雖然清楚張瑞馨的家境不佳，但在人前她總是強顏歡笑。

張瑞馨一家人都很樂觀，抱著「只要能住就好」的心態，從不曾向外求援。她說：「床壞掉了，全家都睡在地上近一年。」他們將木板放在地上，床板只鋪著一層涼墊；即使在寒冷的冬天，也是蓋著破舊又輕薄的棉被。

一月十九日，家家戶戶正準備著大掃除過年。善化區號召約二十五位志工，大家齊心協力做居家環境的清掃，只想幫忙減輕張瑞馨的負擔。

志工們合力將屋裡陳年老舊的家具移出室外，可清洗的就清洗，再續物命；床鋪、衣櫥、櫃子因不堪使用，就換上二手或全新的。房間、廚房、客廳、雜物間等區域，志工們分工各自清掃，包括掃地、擦窗、清理蜘蛛網等等。趁著好天氣，他

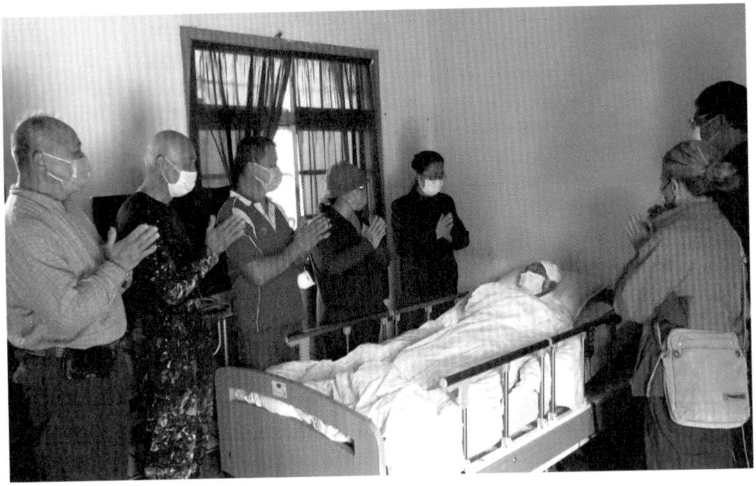

張瑞馨的先生順利出院，回到家中安置病床休養，志工來探視關懷。（攝影／白美容）

們也把家裡的衣服與棉被都拿出來，曬曬太陽。

輔具減輕負擔 支援失能人生

待整個環境清理之後，接著輔具團隊也送來電動床、輔助器、便盆椅及輪椅。李益昌說明過程：「那時，我們知道善化環保站沒有可以使用的電動床，相當傷腦筋，甚至一直想辦法詢問各地方可以租用電動床的單位。」

還好志工徐世忠一語點醒夢中人，「可以再問看看臺南環保輔具團隊啊！」於是趕緊連絡志工鄭明宗。

因緣極佳，鄭明宗說：「前幾天，剛好

有一個高雄慈善團體捐贈八張電動病床給慈濟，只要作清消就可使用。」李益昌聽到後，彷彿放下心中那塊大石，但是網路申請又不知張瑞馨先生的資料，怎麼辦？

鄭明宗趕緊向臺南環保輔具平臺的窗口郭中興說明狀況，郭中興回電安慰李益昌：「沒關係！輔具明天中午會送到，一切資料後續再補件！師姊家裡有需要，我們就全力相助。」

這一句話令李益昌感動在心，紅了眼眶，「輔具團隊的動作是那樣地快速、及時，對法親家人就是這樣相挺。」輔具到達齊全，也圓滿了整個居家清掃的行動。

郭中興事後分享，此次送輔具最困難處在於，車子抵達後，從路口彎進巷內到住處，路相當狹窄，轉角處呈九十度，車子很難有迴旋的空間，必須一進一退多達十多次才能往前，再彎進住處的三合院，進出艱辛。

成為輔具需求者最大的後援

環保輔具的搬運真的非常需要體力，是郭中興、鄭明宗、洪國章三位同時協力搬運，送進屋內再組合，現場並指導張瑞馨該如何操作。

郭中興繼而述說，在運送輔具的過程中，他深切感受病患和家屬的需求，即使「難行能行」，最後都能克服達成，「對的事，做就對了！」每次完成任務後，輔具團隊在回程的車上都會互相討論，未來還有哪些地方需要改進。

而今天，只要賺到一聲「謝謝」，志工們心裡就很高興，樂於成為輔具需求者最大的後援。

自己的專長，往往也在此時派上用場。像是郭中興說道：「因為我有水電的基礎，比如製氧機、氣墊床等，只要原理稍微了解，操作維修就能得心應手。」

「在輔具團隊裡，只要肯做，必能從不會

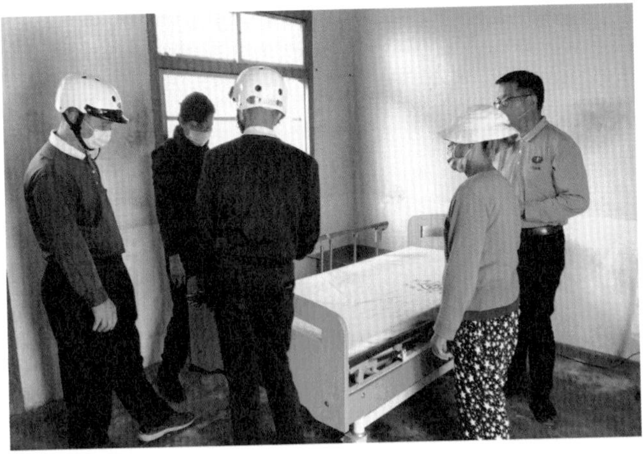

臺南環保輔具團隊的郭中興（左）帶領二位志工，運送輔具電動床給予法親家人。（攝影／白美容）

學到會。我們要趁著身體健康，能做就盡量做，才能讓自己的人生不空過。」郭中興常以這句話勉勵團隊的伙伴。

見後援到達，張瑞馨滿懷歡喜地說：「送來的電動床，跟醫院的設備類似，所以操作上並不難。」先生可依靠四腳輔助器練習走路作復健，避免跌倒；回醫院門診時，有了輪椅，更方便推送。這些對她來說，真的幫助很大，「只能千言萬語說感恩！」

最後，輔具團隊即將離開前，李益昌突然給予郭中興一個大大的擁抱，讓他感受宛如自家人般親密，更勝千言萬語。

善用生命良能　補缺送暖

「能夠承擔一項助人的工作，感覺人生能夠被利用而充滿價值。」坐上駕駛座，志工呂銘振除了眼角、嘴角上揚，心情也跟著飛揚起來。那不正是證嚴上人天天提醒弟子們要「盤點生命的價值」的真諦嗎？

而令他最感動的，是由高雄榮民總醫院臺南分院所淘汰過來的四十三臺「手搖」病床。這因緣來自榮總總務主任，他從網路上得知慈濟環保輔具平臺的慈善關懷服務，覺得相當有意義，也很感動！於是，他立刻把醫院即將淘汰成為廢鐵的一批病床捐給慈濟。

志工接獲訊息，馬上利用環保車，在一天之內將它們運回龍中街存放，是羅崑丁無償提供的自家廠房，之後再一一改裝，在每張病床上裝置三座馬達，讓它成為名副其實的「電動」病床。

電動病床每張重達一百四十公斤以上，若要配送到申請者的家中得費一番工夫。特別是針對居住在二、三樓以上的案家，若是沒有電梯，就要想方設法爬樓梯扛上去；即使有電梯，也必須先將病床立起來塞進電梯。這對於呂銘振和他的工作伙伴陳勇菘來說，確實吃力！

呂銘振每送輔具到申請者的家，除了輔具安裝、協助輔具操作之外，還要關心他們的生活經濟狀況。有些個案直接安裝扶手、止滑墊，或提供經濟補助，他一點不馬虎！

臨走之前，申請者對志工的感激之情常溢於言表，甚至拿出紅包要表達謝意，

「我們不能收！這是我們的本分事，你們可以把錢交給附近的志工，作慈濟會員……」志工們總是如此回應。這些歡喜的回饋，永遠都是志工最感溫馨，並且想繼續向前衝的最佳動力！

今日不做 未知明日有無機會

回溯環保輔具平臺成立之初，陳勇菘剛從職場退休不久，呂銘振知道他具有機械維修的根柢，於是邀請他到龍中街倉庫，看能不能幫上忙？沒想到陳勇菘立即答應，樂意加入維修團隊。

他首先跟著其他志工一起到嘉義參加「輔具維修」訓練，彼此互相觀摩學習；果真以他

輔具配送很費力，呂銘振（右）還是堅持，「人生快樂的來源，謹此無多求，能夠化無用為大用，內心只有滿滿的快樂！」（攝影／郭峻宏）

的專業技術，很快就能上手、幫忙做輔具維修。令他印象最深刻的是，有一位住在臺南市土城子附近的慈濟照顧戶，因長期坐在輪椅上，以他八十公斤的體重，因坐得不舒服而硬撐，不知撐壞了幾臺輪椅……

接到這個個案後，陳勇崧馬上想盡辦法要幫忙改善這張輪椅。他朝思暮想，改了又拆、拆了又裝，歷經多次的失敗，來來回回跑了六、七次，方告成功。

他絞盡腦汁，也找了好久，終於找到一部廢棄的電動四輪車，拆下坐墊再裝到輪椅上，尺寸、高度、柔軟度剛剛好，一點不差，直到讓對方坐得舒服、滿意為止。

對方也千謝萬謝這位生命中的貴人，還不

經改裝後的電動病床，每張重達一百四十公斤以上，若要配送到申請者的家中，得費一番工夫。（攝影／郭峻宏）

時來電說：「感恩慈濟！還好有慈濟、有你們這些志工……」道不盡的感恩，讓陳勇菘歡喜在心頭，久久難以忘懷！

「有時為了找下一個門牌號碼，得從山上跑到山下，花費一兩個小時也無怨無悔！只要任務達成，內心總是充滿歡喜！現在不做，我怕以後想做沒機會了……」陳勇菘道出配送輔具不為人知的辛苦，但也同時心存感恩，感恩有這麼好的機會讓他付出。

只見呂銘振、陳勇菘兩人一組，這兩位年歲加總起來超過一百四十歲，為了助人，他們全身總被汗水濕透，付出的喜悅卻是日日有增無減。

呂銘振、陳勇菘（背對者）兩人負責輔具配送，年歲加總超過一百四十歲，全身被汗水濕透，付出的喜悅卻是有增無減。（攝影／郭峻宏）

支援澎湖離島 志工接力擴大愛

依國際定義，六十五歲以上人口占總人口達七％為「高齡化社會」，達十四％為「高齡社會」，達二十％為「超高齡社會」；而據國家發展委員會預估，臺灣將在二〇二五年進入超高齡社會。嘉義縣是全臺最老縣市，二〇二二年三月設立「嘉義環保輔具平臺」，開啟服務首頁。

嘉義有著山與海的自然地理環境，運送到澎湖離島的輔具，也會先行載運到嘉義集中，再由嘉義志工配合船期，載運輔具至布袋港裝貨啟航。前往澎湖離島的貨運，以布袋港這航線為最短也最快速。

感同身受 勇於承擔運送使命

擁有汽車維修專業的陳明周，負責運送輔具，服務大眾。這項任務對陳明周來說別具意義，因為他的父親於二〇二〇年十一月中風往生；隔了二年，母親也中風住進了安養中心，生活、行動上相當仰賴輔具。

輔具的價格普遍昂貴，對於經濟不寬裕的家庭堪稱負荷。感同身受的陳明周，心想環保輔具平臺成立之後，可以協助長者、身障者改善或維護身體功能，並減輕照顧者的負擔；進而輔具用完之後再歸還，又可以讓其他人繼續使用，也是延續物命。

陳明周說：「送輔具的過程中，我看到很多老人家，就像自己的父母親一樣，他們各方面慢慢老了，機能退化了，行動不方便了。但是我們可以透過輔具來慢慢改善這狀況，讓他們可以多省一點力氣，或是多方便一點，我覺

前往澎湖離島的貨運，以布袋港航線最短也最快速，嘉義輔具運送志工窗口陳明周正在擦拭電動床。（攝影／王翠雲）

得很有意義。」

大學聯考失利 人生一度迷惘

一九九九年，時值二十七歲的陳明周受證慈誠。他形容自己，高中畢業後沒考上大學，曾一度感到人生迷茫；幸有位長輩勸他說：「多做善事、多念佛，很多事情也是過去的因果所造成。」從此在他心中播下慈悲助人的種子，加入慈濟會員。

經歷過慈濟「九二一地震」的救災工作，陳明周深刻體會到慈濟人充滿愛心、無私付出救助災民的菩薩精神，更於參與醫療志工、訪視志工的過程中見苦知福，悲心、愛心深烙心中。

勇於承擔環保輔具平臺運作組的重責大任後，只要一有勤務，不管收或送，他總會在LINE群組公告，讓志工志願報名，樂於作「不請之師」。

輔具團隊用心 接力傳愛到澎湖

新竹輔具團隊於二〇二三年四月十三日下午舉行「清、消」活動，邀約二十位志工來擦拭整理輪椅、病床、氣墊床等輔具。活動前一天，竹東輔具團隊送來數張病床安放在倉庫外，用帆布蓋住以防受潮，這些輔具將由嘉義團隊接手裝櫃運送到澎湖。

澎湖是全臺長者比例最高的地方，亟需長照與醫療資源；志工運送輔具，尤其針對經濟不寬裕的家庭，可大大縮短他們苦等輔具的時間。當離島澎湖有輔具的需求，臺灣輔具團隊便跨海全力支援，自新北土城、新竹等輔具據點提供電動醫療床、氣墊床、輪椅、製氧機及抽痰機等輔具。

這些輔具的來源大多為環保回收，若有需求時，各區則會相互支援。為維護個人使用安全，都會先動員志工一起清潔、消毒，之後再將輔具送達目的地。

午後，陣陣涼風吹過大地，吹拂在每位志工的身上。蹲在地上的志工們，用環保酵素加清水調配成清潔液，等待從倉庫推出的一臺臺輪椅與一張張氣墊床，檢查病床能否正常運作，再進行清潔與消毒。

倉庫外放置著四月十二日彭瑞良從竹東載運過來的電動床，志工們一起卸下帆布，將電動床搬下來進行檢查。除了病床外，輪椅與便盆也是先用清水洗去灰塵，再用沾有環保酵素的抹布擦拭。志工們將輔具整理得乾乾淨淨，有人擦拭輪椅、病床等，有人協助搬運病床及床墊，全數仔細清潔後，並排放在室外讓風吹乾。

同理案家心情　歡喜整理輔具

志工彭麗貞用環保酵素仔細擦拭便盆椅；當輔具團隊出動送輔具時，她則與黃美雲一起協助安撫與膚慰案家不安的心情，是團隊中不可或缺的「軟實力」。

黃美雲一邊擦著輪椅，一邊說著：「要讓需要的人得到幫助，而且坐得舒服，心裡就會感覺到溫暖。」

看見錢秋紅也來一起清洗輪椅，黃美雲向她打招呼說道：「平常有在做事哦！動作非常快速。妳擦了幾臺？」錢秋紅笑笑地回答說：「三臺了。家裡有老人家不太能走，所以，很了解案家對輔具的需求，還有他們渴望能安心生活的心情。」

穿著灰衣的見習志工陳映秀總是笑咪咪地，她與家人分享：「我們可以落實社區，盡自己微小的力量，體會到見苦知福。」這次支援澎湖輔具的整理，陳映秀亦邀請自己的姊姊陳翠華一起來參與輔具清消活動。

陳翠華與陳映秀姊妹合作無間，在病床的橫槓來來回回地擦著，陳翠華分享道：「我是用快樂的心來擦拭病床，一點都不覺得辛苦，反倒是送病床的人才是最辛苦的。看到輔具團隊所做的一切，我也很快樂。」

新竹窗口方奇輝則說道：「有願力必能圓滿，我們早上就出發收床，加上土城團隊的增援，在眾人努力之下，於傍晚五點前完成支援澎湖輔具檢修、清消。感恩團隊，一起成就支援離島澎湖所需的輔具。」

十三日在新竹清洗輔具，十四日志工搬運輔具上貨車，從新竹運送到布袋港，

輔具支援澎湖前夕，新竹志工團隊來清洗，彭麗貞用環保酵素仔細擦拭便盆椅。（攝影／林正宇）

嘉義輔具團隊動員了十三位志工，用「愛的接力」裝櫃支援澎湖。照護長者及居民的一分愛得以串聯，讓澎湖更加幸福；每件輔具都為照護家庭帶來希望，而輔具點亮愛的火花，綻放出恆久不滅的光芒。

路遙船顛 他們為何無畏前行？

澎湖比臺灣提前十年邁入高齡社會，是長者獨居比例最高的地方，其中七美鄉人口老化的程度更是嚴重。慈濟環保輔具從嘉義運送到澎湖，夜色中出發，破曉來到澎湖，瞬時讓尖山碼頭熱絡了起來。

澎湖當地志工也以最快的速度，將輔具送往七美鄉。七美是離島中的離島，設籍

力求完美，志工正合力擦拭病床橫槓，用心付出值得讚歎。（攝影／林正宇）

一千四百戶，住民不到四千人。

「我以前聽到船就害怕。海上天氣多變，有時在內海這一個區塊，風平浪靜，但一出內海，可能出現你料想不到的波濤洶湧，風浪高達七米，船就是這樣子顛簸，隨著海浪上去又掉下來，上去又掉下來。」志工陳沛琳驚魂未定地描述著。

上一次，陳沛琳訪視完坐船回來；下了船，連開車回家都行車偏一邊，就是止不住的暈。但她說：「七美有人申請輔具，慈濟人就是要走出去；他走不出來，我們就要送到他們手上。我已經買好暈船藥了，藥房的老闆娘說這款藥效比較強，吃下去一天都不會暈，我就來看看今天的效果如何？」

陳沛琳是澎湖媳婦，十七年前隨先生從基隆回到澎湖老家，二〇〇七年參與慈濟至今。澎湖有人居住的島嶼多達十九個，往返只能搭船，沒有其他選項；但是無論訪視或送輔具，會暈船的她不曾推辭。

以前聽到船就害怕的陳沛琳，現在為了個案，硬著頭皮也要去，因為她覺得對方在對岸的那一邊，需要我們的協助。

這趟同行的還有志工呂靜茹，她笑說：「我是大海的女兒，我不會暈。」另一位莊慧丹也說：「我從小就是暈車、暈船、暈飛機，什麼都暈。就讓它吐啊！吐完就好了。」

大風大浪是考驗，卻也是美麗的風景，她們試著將注意力轉向大海，嘗試克服船行的顛簸。她們共同的結論是望向遠方，就可以忘記自身的不適，或許這也正是吸引志工一個個湧出，成為不請之師的原因吧。

金錢買不到的貼心關懷

慈濟人此行，為村子裡帶來了輔具，還有金錢買不到的貼心關懷。

有一些獨居，或者是雙老的家庭有人生病了，他們都急需要用到輔具。但有些老

林蔡佳訓師姊（左二）前來協助，將來自全臺的輔具裝入貨櫃送往澎湖。（攝影／張小娟）

人家不捨得花錢購買；或是他到輔具資源中心去申請，發現還是要花錢；又或者他們的資格不符合，因此申請不到需要的輔具。

這樣的狀況，確實造成很多老人家的困擾；有人甚至寧可拿著一把破雨傘支撐身體，這也導致老人家出外活動時，更加危險。七美就有一位阿嬤，孩子都在臺灣，幸而志工送來拐杖，對她說：「阿嬤，這支拐杖給您備用，改天您的拐杖壞掉了，就用得到。」阿嬤聽了很是開心。

有位阿公當過二屆村長，身體原本相當硬朗，但他五月中風，孩子們趕緊向政府輔具中心申請；一得知公部門的申請需要久候，他們就試著聯絡慈濟。

阿公的女兒方梓瑜回憶道：「真的很快，一填好申請資料，隔天師姊就跟我們聯絡了，又隔二天就把輔具送來了；而且送來的輔具是乾乾淨淨的，不用再額外去整理，所以看了非常地感動。」她還補充說，在澎湖交通很不方便，就算想買，也未必能在第一時間買到。

阿公出院前，志工已經送來了抽痰機，輪椅和醫療床；出院後，再度前來確認使用狀況。這次已是第三次來訪視阿公，方梓瑜對著阿公說：「阿公，您最喜歡的慈濟來看您了。」阿公暫時失語，無法表達，卻仍特地起床迎客。

方梓瑜還高興地說：「阿公現在是慈濟的粉絲，上人講的話，阿公都跟著講，然後說推素、推素，現在他也改吃素了。」

方梓瑜還把高背的輪椅推出來，交給志工。她說：「阿公現在狀況好了，會坐一般的輪椅，所以可以把這臺留給需要的人使用。」志工協助回收，同時稱許方梓瑜的愛心。

慈濟的輔具服務遍及各地，除了廣布，速度更是重要，只為了盡快安住每顆焦急忐忑的心。在提供輔具的同時，慈濟志工也走入這個家庭，帶給案家的不只是滿足他們生

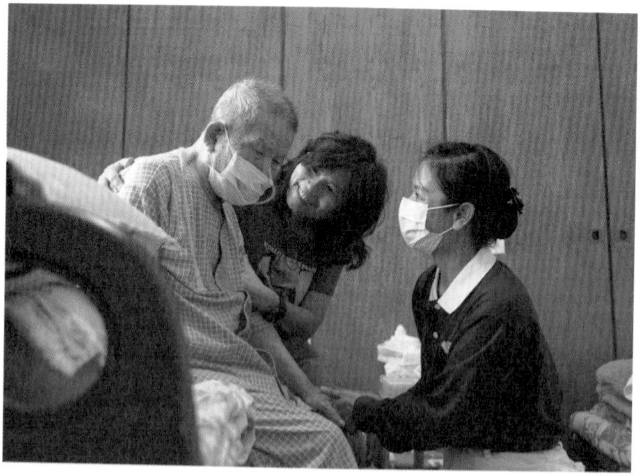

志工陳沛琳都會定期來關懷方阿公，與他聊天，講慈濟事，鼓勵他。（攝影／蔡秋對）

理的需要，同時也是精神心靈的陪伴。這是除了悲心與熱忱，還相當需要體力的志業，但志工們總能克服萬難，難行能行。

援助原鄉 縮短城鄉差距

「智慧先行，而後慈悲。」慈濟的種種慈善工作，都考驗著志工的應變能力與智慧。在臺灣，由慈濟慈發處推動的「健康促進」活動，慈濟志工打破語言、文化以及生活習慣的藩籬，在原住民部落成功推動「以茶代酒」等一系列健康促進關懷活動。

為顧及原民朋友的健康，在部落裡，獨居長者的居家安全，慈濟也照顧到了，就如為他們增添安全設備；在高齡社會裡，老人只要不跌倒，晚年生活才會好，社會的關懷，也在輔具服務中頻頻創造愛與善的循環。

經多方媒介 專案輔具送海端原鄉

「慈濟環保輔具平臺」，二〇二一年底從已歇業的嘉義華濟醫院，接收了大批醫療病床，經過多方媒合，送出一批環保輔具到臺東的海端鄉。

這個鄉位處山區，居民多是布農族原住民，下山就醫不便，慈濟因為推動原鄉以茶代酒，而了解當地居民的需要，特地調集五十張電動醫療床給海端鄉，讓十五個小部落有居家照護需求的家庭，都能減輕壓力。

慈發處呂芳川主任說道：「在原鄉，有許多因為早期喝酒過量，或者是酒駕意外發生，可能在健康上也疏於照顧，有不少人是臥病在床，電動病床這五十張送到海端，可以減輕照顧者在照顧上的壓力。」

五十張電動醫療床送到海端鄉的初來聚會所後，環保輔具平臺的志工更細心地一張張檢查功能是否正常，希望有需要的病患都能得到最適切的幫助。

海端鄉民余鈺鳳說道：「我的姊姊是癱瘓，這個電動醫療床，姊姊可以很方便操作，手很輕鬆地壓，這樣上下，她可以方便拿開水、上廁所，或者弄個飯。」

原鄉關懷，從飲食習慣的導正，再到居家病人的照護，環環相扣，切切實實做到減少城鄉差距。環保輔具送進偏鄉部落，不僅減輕照護負擔，也提升患者生活品質。

二〇二二年八月二十八日，臺東慈濟人正式成立「關山環保輔具平臺」。位於臺東北部的關山，鎮內人口不到一萬人，且以年長者居多，他們經常有輔具或助行工具的需求，退休消防員陳泰郎，原本靠一己之力，四處幫長輩找資源，如今平臺成立，有需要的老人家不再無助，用不上的，也有了最佳去處。

每天開環保車的卓瓊華，也承擔載送任務，許多志工一起為有需要輔具的家庭服務；慈濟結合社區，讓照護長輩的資源更豐富，愛的力量也更加乘。

鄉村走透透 送愛到阿里山部落

阿里山鄉以日出、雲海、神木等自然美景

臺東環保輔具平臺關山據點倉庫，陳列各式各樣的輔具用品。（攝影／陳信安）

而聞名，其實阿里山鄉十二個村的海拔，從三百六十公尺到兩千多公尺不等，是嘉義縣面積最大，也是唯一的原住民鄉，居民主要以鄒族為主。

二〇二二年十一月十六日清晨六點，雲霧繚繞的阿里山上，初冬的暖陽驅逐了籠罩的濃霧，一場阿里山鄉村走透透的送愛行動，溫暖啟程。

從嘉義市區上阿里山就需要一兩個小時車程，更別說還要送到全鄉十二個村的鄒族部落。志工兵分四路，只見車隊行駛在海拔二千多公尺的迂迴山路間；蜿蜒的山路就是耗時，如果遇到器材缺料補件，須下山一趟，來回又是兩三個小時。

送愛到阿里山，這也是嘉義輔具團隊第一次挑戰大規模的運送行動。志工的身影出現在山中，原來是慈濟和阿里山鄉公所合作，預計在兩天之內，將來自各地的三百多件環保輔具送到全鄉有需要的民眾手中。

經驗傳承分享 別再重走冤枉路

志工來到阿里山鄉災變庇護所，擔任這次輔具運送行動的是熱心協助輔具運送行動的志工謝國榮，他投入輔具服務已有多年經驗，對於大規模輔具的運送經驗豐富。這次謝國榮特地南下，希望將自己的經驗手把手地傳授給嘉義輔具團隊的志工們。

輔具送出之前，要先一一檢修清潔，確認安全可用。謝國榮跟大家報告這次運送的流程，還一一示範各種輔具的維修動作。

他說，剛開始輔具運作沒有經驗，第一個專案是在臺東。那時是維修好再請卡車送過去，結果輔具不是一個星期或一個月內送完，因為是由鄉公所自己送，整整送了二個月才送完；在送的過程中，又發現輔具壞掉了。那次，東部的輔具團隊足足跑了五趟臺東，就為了維修。

「所以，現在維修的觀念，就是到現場以後再一一檢測維修，順便也是教會當地的師

安全起見，志工以人力搬運輔具卸下貨車，志工們同心協力搬運。（攝影／張小娟）

兄、師姊或志工，讓他們懂得維修原理，學會基本的組裝常識，我們就不用再特地從臺北下來。」謝國榮指出，透過這樣的經驗傳承，才能讓嘉義輔具團隊也可以承擔運作下去。

五縣市志工聯手 親送輔具到原鄉

「你們來了，就帶來了陽光，帶來了愛心，帶來了熱情。今天這樣的一個捐贈儀式，是對我們鄉民的一種照顧，非常地感動。」

二〇二三年三月二十一日十時，於群山環抱的南投縣仁愛鄉公所戶外，舉行慈濟環保輔具捐贈仁愛鄉醫療輔具的捐贈儀式。仁愛鄉江子信鄉長致詞之際，陽光霎時穿雲而出，光芒普照，好似熱情迎接這場活動般。

輔具抵達阿里山災變庇護所，志工協助將電動車一一搬運下來。（攝影／王翠雲）

仁愛鄉屬於原住民鄉，山明水秀，風景優美。八十四位慈濟人愛心送暖，以三天時間，分頭走進這塊土地上的十五個村落，結下一份綿綿不息的善緣。

「慈濟環保輔具平臺」本著環境永續，將回收的輔助器具，經志工一手接一手地整理、維修，重獲新生，並以親力親為方式，照顧弱勢的家庭。

臺灣的醫療資源非常豐富，卻存在著嚴重的城鄉差距，因此慈發處透過專案方式，送愛到偏鄉、離島及長照機構。此次捐贈仁愛鄉醫療輔具，是慈發處的第八個專案。

仁愛鄉轄區有十六個村，經由村幹事普查造冊，除大同村無人申請外，十五個村共有九十八戶申請，需要一百五十三件輔具。志工事前規劃出五個路線，要利用三天的時間，親手將輔具送到鄉民的家中。

此次慈濟所提供的輔具，包括電動代步車、便盆椅、抽痰機、輪椅、ㄇ字型助行器、四角拐杖及電動床。這些輔具由新北、新竹、南投及彰化各地志工做好前置作業，共同圓滿這次的送暖活動。

三月十八日是親送輔具的首日，五十一位來自臺北、新北、嘉義、新竹、南投

春陽社區發展協會的廣場上整齊放置著電動床，經驗豐富的志工正進行維修和檢測。（攝影／施金魚）

的慈濟志工，齊聚在物資中繼站——春陽社區發展協會。其中自嘉義就來了三十七位志工，他們二〇二二年十一月剛辦理完阿里山鄉專案，帶著滿懷的感動前來協助發送，也傳承既有經驗。

獲贈電動代步車 訪老友不再是難題

三天的輔具親送，有著熟門熟路的村長陪同，對於來自外地的志工而言，是一大助力。南豐村的路線由村長曾子郡，為志工帶路。

志工來到游女士家，她行動不

便，申請了四角拐杖和輪椅。

「請問是誰在照顧阿嬤的？」志工問。

她的孫女立即回應：「是我。」志工便教她如何使用輔具。

一學會操作，她立刻請阿嬤坐上輪椅，推著阿嬤在屋前繞了兩圈，顯得比阿嬤還開心：「阿嬤以後出門就方便了，不用自己走路了！」阿嬤亦揚起了嘴角。

志工叮嚀孫女，出門是下坡路，阿嬤會往前傾，所以自己要倒著走，阿嬤才不會害怕。志工並彎腰送上吊飾及靜思語書籤，祝福阿嬤平安健康。

志工繼續前行，來到李先生家門前時，他早已坐在輪椅上等候。

李先生因十八歲的一場車禍失去右腿，試乘電動代步車，很快就上手；現在他最想做的一件事，就是去看老朋友。（攝影／劉淑貞）

六十多歲的他十八歲時遭逢一場車禍，從此失去了一條腿。此次他申請ㄇ字型助行器和電動代步車，知道志工要送來，早已備好新電池。

志工教他如何操作電動代步車後，請他試乘，他很快地就操作自如，騎乘紅色電動代步車在馬路上奔馳，顯得十分拉風。

志工問：「有了電動代步車，你最想做什麼？」他不假思索地說：「我想去看老朋友！」電動代步車拉近了他與好友的距離。

志工送輔具，大大改善了需要者的生活品質，減少潛藏的行動風險，也結合社會福利單位的愛心，匯聚成一股大暖流，串流社會的每一個角落，讓苦難人感受到人間處處有愛、有溫暖。

捐贈血氧機 解決供不應求危機

新冠肺炎（COVID-19）來勢洶洶，伴隨而來的「快樂缺氧」症狀，更是讓染疫者身處缺氧危險而不自知；一般人都不容易自主發現了，那臥病在床的植物人，又該怎麼辦呢？

本土疫情爆發以來，死亡數不斷增加，有些更是無預警、在家猝死，而這很可能是缺氧導致，國外把這稱為快樂缺氧或隱形缺氧，意思是它就像個隱形殺手，當以為只是累，喘不過氣，事實卻是血氧濃度過低，面臨呼吸衰竭。

為此，中央疫情指揮中心擬定把血氧值，納入居家隔離者每日評估項目中，確認患者血氧濃度不低於九十五％，每分鐘呼吸次數也不低於三十次。簡單操作，靜候數值，就能知道體內血氧狀態，不過在二〇二一年，這臺機器大缺貨。

不少志工苦人所苦，希望盡一分心力，想方設法，自掏腰包購買血氧機給需要的機構及長者。「慈濟環保輔具平臺」在疫情回緩時，在做好足夠防護下，仍然盡力提供環保輔具收送服務，但沒有回收及出借血氧機的項目服務。

血氧機贈宜蘭 如及時雨

新冠肺炎大爆發，造成國內醫療資源緊張，有很多人開始擔心自己是否有缺氧情形，這時血氧機就會是好幫手。

二〇二〇年十二月慈濟與宜蘭縣政府簽訂合作共善備忘錄，因應這次疫情，宜蘭縣缺乏血氧機，北區輔具團隊於二〇二一年六月二十五日捐贈八十臺血氧機給宜蘭縣政府，分送給當地的醫院使用，一起為抗疫盡一分力。

據慈濟人醫會[1]醫師黃祥麟表示，最近血氧機大缺貨，不容易購得，北區輔具團隊這批血氧機有如及時雨，來得正是時候；新冠病毒很多是無症狀的確診患者，監測血氧是很簡便且值得參考的數據。

1 一九九六年，一群來自社會各大醫院、私人診所的醫師、藥劑師、護理人員，在證嚴上人精神感召下，以「醫病、醫人、醫心」為宗旨，組織「國際慈濟人醫會」（Tzu Chi International Medical Association, TIMA），這群有愛心、願意回饋社會的醫界人士，開啟另一個管道貢獻所長。

宜蘭縣縣長林姿妙（中）、衛生局長徐迺維（右）接受志工代表廖啟丞贈予血氧機。（攝影／葉晉宏）

預計將透過宜蘭縣衛生局轉贈，將有九家醫院受惠。宜蘭縣長林姿妙說：「疫情升溫，這八十臺血氧機，是來救人一命的，來得正是時候。非常感恩上人、感恩慈濟捐贈血氧機，在疫情中及時發揮救人的功用，行善帶來正向力量，也讓人體會到社會的溫暖。」

關懷植物人　慈濟伸出援手

為了協助創世基金會志工即時監測植物人院民的血氧與心律，二〇二一年七月十三日，北區輔具志工謝國榮與國際慈濟人醫會的醫師捐贈了十三臺血氧機，供新北市板橋區的財團法人創世社會福利基金會板橋分院使用，希望透過硬體的投入，避免院民因快樂缺氧造成的健康問題。

跨組織的合作共善，其實已經持續了好一段時間。多年以來，創世基金會板橋分院有輔具團隊作為後盾，使命必達。有時，居家照顧的患者需要電動病床、輪椅等設備，不論送往個案家中，或者不再使用要回收，輔具團隊的志工們早已累積豐富經驗，有時單槍匹馬也能順利完成任務。

即使正處疫情期間，慈濟人醫會和輔具團隊的手腳仍然很快，在十三臺血氧機運抵達創世基金會後，黃祥麟醫師也說明血氧機的使用方法與數據依據。

尤其在新冠肺炎疫情期間，礙於群聚規定，志工探視人數受到限制；現在有了血氧機的投入，可以有效協助創世志工們即時了解病人的血氧與心律狀況是否正常，同時減輕照護負擔。

器材維護高規格　安心使用有保障

新竹慈濟志工與創世新竹分院聯繫輔具服務多年，當創世的倉庫要遷移時，志工熱心協助，也訂下了定期維修製氧機的時間；志工還細心地貼上簽名條，讓使用者更清楚保養時程。

整理倉庫，物資遷移，雖然只是換個樓層。但人力若是不夠，也相當耗時；尤其是角鋼置物架，需要拆解、搬運、重新安裝，通常還是男眾比較有經驗。

院方盤點之際，志工接著約定另一項任務。志工方奇輝提出：「這次我們也安排了氧氣機的檢測，然後順便請他們把一些有故障的輔具提出來，作一連串的檢測與維修。」

不論是檢查管路，或是清潔過濾器，志工與護理師們一起完成；他們知道，為輔具作健檢，使其能妥善照顧植物人，也等於安住他們家庭的心。

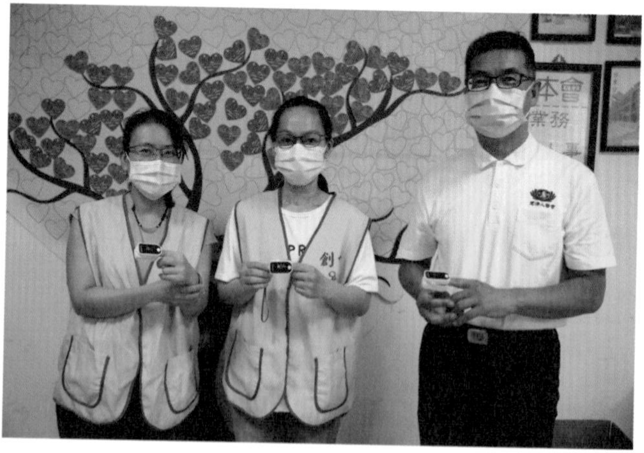

透過血氧機的展示，國際慈濟人醫會牙醫師黃祥麟呼籲大家疫情期間要注意血氧含量與變化。（攝影／葉晉宏）

血氧機供不應求 緊急採購

血氧機並不是環保輔具平臺的提供項目，這是由熱心的志工發起。有一位關心新竹年長志工健康的善心人，特別購買了二百八十個血氧機，送到新竹環保輔具平臺，希望致贈給一些上了年紀又有慢性病的志工，讓他們和家人可以隨時了解自己的身體狀況。

由於血氧機數量較多，且分批到貨。二〇二一年七月十二日，志工方奇輝及謝蔡福在收到第一批血氧機時，立刻在位於香山的輔具倉庫進行拆封與測試。

裝上電池一一測試，志工仔細確保手上的血氧機每個都能正常運作，因為個個都須守護年長法親身體健康。

十三日再召集志工，依防疫規定控管人數，大家戴好口罩，噴酒精進行手部消毒後，並選擇在戶外通風良好的區域，分工合作為血氧機裝上電池並一一測試。

志工邱志賢的任務是負責將兩顆四號電池裝入血氧機中，讓其他志工進行測試。

他表示，血氧機體積雖小，但使用起來很方便，是一個可以幫助察覺身體異狀的救命儀器。還說：「血氧機很簡便，只要把電池裝進去，手指放進機器裡面，幾秒鐘大概就可以知道自己的血氧狀況是多少。如果真的血氧不夠的話，表示健康狀況有問題，要趕緊送醫院，及時救命。」

志工涂士光也帶著正放暑假的兒子涂景濬一起前來幫忙拆箱。涂景濬雖然只有九歲，但很願意成為抗疫小尖兵，為大家的健康盡一分力。他說：「現在是疫情時期，我們很像在打一場仗一樣，疫情就是看不見的敵人。如果爸爸是要出來做一些防疫服務的話，我願意盡一分力幫助爸爸。」

涂士光覺得疫情間，藉由送血氧機的機會，可讓法親關懷不停歇，也為法親們安身

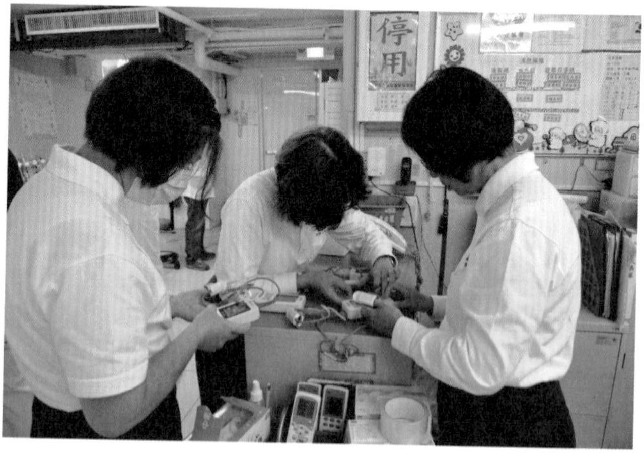

義診開始前，護理師一一檢測脈搏、監測心率，確認血氧機是否運作正常。（攝影／楊德芳）

心。他說：「我們送血氧機是要給法親家人安全、安心啦！讓法親知道仍有人在關懷他，有人在為他鼓勵，最主要就是要給他安心啦。」

方奇輝進一步說明，這也是疫情時期，可以安排的法親關懷方式之一：「疫情期間雖然不能有聚集活動，但我們可以電話詢問法親們血氧機的需求呀！不方便跟我們見面的，我們就用寄的；可以拜訪的，我們可登門幫他們送去，順便教他們使用血氧機，提醒大家注意自己身體的狀況。」

關懷年邁法親 血氧機守護健康

「慈濟是個大家庭，有這麼多法親師兄師姊彼此關懷，我很感恩。」陳永福說。

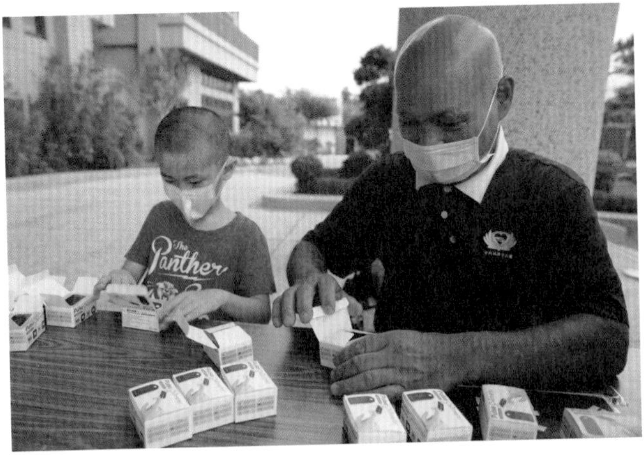

志工涂士光帶著九歲的兒子涂景濬一起來付出，協助組裝要送給法親的血氧機。（攝影／葉晉宏）

志工陳永福因健康因素在家休養，看到志工前來，激動表示自己暫時無法參與志工活動，志工卻依然持續關懷他。

一開始，他還以為儀器是測血壓用的，方奇輝細心地為他解說血氧機的使用方法及步驟後，陳永福直呼：「真的是非常方便。」

來到獨居的資深志工張柳枝的家進行法親關懷。原來她自己家中備有血氧機，但因不懂得如何使用，正在苦惱。正巧志工來，就可以指導她使用的細節與方法。

疫情期間，防疫不鬆懈，志工法親關懷也不間斷，血氧機承載的不僅是對大家健康的祝福，更是平安度過疫情的祈願。

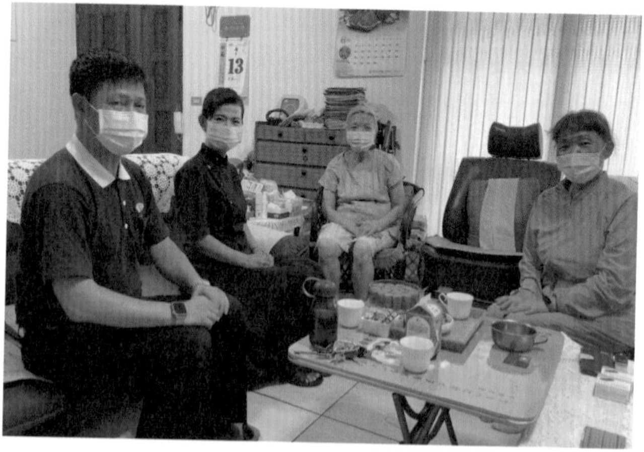

獨居的法親家人張柳枝（右二）有血氧機，方奇輝指導其使用的細節與方法。（照片提供／楊秋燕）

第二章

落實環保　延續物命

工程師變身輔具醫師 轉運福與慧

「我覺得願意將輔具捐出來的人，很有智慧；而接受且延續輔具物命的人，則很有福。所以，我在心裡給了環保輔具平臺一個新的名字，叫作『福慧轉運站』。」

外表敦厚不多話的李威震，對於輔具有著特殊的情感與使命，他娓娓道出自己為「彰化環保輔具平臺」所賦予的獨有定義。

良善敦厚 自小養成

「小學二、三年級時，學校有同學需要幫助，回家跟爸爸媽媽說，他們都會拿錢給我，讓我帶到學校去幫助同學。」父母親樂於助人，自小培養出富有愛心的三兄弟。

從小在父母親愛的教育中，李威震身為長子，和弟弟們感情融洽。如今，他仍和父親一起經營已創立五十一年的醬油工廠。

幾年前，他開始有了「祕密」，背著家人「收藏」回收而來的輔具。

「一開始，我也擔心家人會有掛慮。因此，初將輔具載回來時，我便很快速地放好，用帆布蓋起來。過了很久，家人都還不知道帆布底下放置的，是待修還堪用的二手環保輔具。」

笑著回想當初背著家人「收藏」輔具的點點滴滴，李威震還是掩不住笑意，直說自己實在是多想了。

原來，家人並沒有反對，連家裡載送醬油的小貨車，而今也成了他載送輔具的專車。現在每當公司需要送貨時，反而要先向他預約使用時間。

有了家人默默的配合，全力護持，李威震將自家庭院變成「輔具轉運站」。尤其是太太賴孟均，更是他強而有力的助手。

「當年是我設計他出來培訓的，呵呵。當年（二〇一一年）我入經藏，參加《水懺》演繹，心想要先讓他出來培訓，多了解慈濟，以後自己做慈濟，阻力才會減少。」今（二〇二三）年承擔互愛組長的賴孟均，說話時笑容滿面。幽默言談間，顯露出夫妻同行且樂做慈濟的幸福氣味。

善用轉念　去除煩惱

「雖然我到現在還是不明白，他為什麼會投入在輔具這一塊。但我看他忙了一整天家業，到了晚上又摸黑一個人窩在庭院，整理那些載回來的環保輔具。時常忙到晚上九點，甚至超過十點……」

「我本來也會有點起煩惱，覺得他有需要這麼累嗎？後來，心念一轉，想說他既然做得這麼法喜，我應該要歡喜才是。所以，我再也不會念他，也隨喜他。」李威震的忘情投入，賴孟均看在眼裡，心疼亦欣喜。

李威震和賴孟均這一對菩薩道侶，彼此間最佳默契就是「轉念」。每當遇到煩惱或是瓶頸時，他倆總是可以靈機一動，將原本懊惱在心的事情，適時轉化為一股正向的力量。

相互感動　形成團隊

二〇一三年受證慈濟委員的李威震，當時是從環保站看見輔具再造的價值。「一臺輪椅也許就壞掉一個輪子，拆解掉了，就成了廢鐵，也賣不了多少錢。

但是只要修一修，它又是一個堪用很久的輔具。既然如此，那是不是應該要想辦法讓這些輔具重拾再被利用的價值？」

有了這樣的念頭，李威震開始著手「修理」回收來的輔具，包括輪椅、病床，甚至是製氧機等等。對於電子基底豐厚的他而言，維修電器類用品，實是家常便飯。

回收回來的輔具，需要經過仔細的清洗和日曬消毒。而對於每一項輔具原有而損壞的功能，李威震總有能耐「維修到好」。

從一臺、兩臺，輔具漸漸地堆置了占庭院三分之一以上的空間，甚至搭了簡易儲存室，置放堪用且功能良好的輔具。

原本投入環保的李威震受證後，經同社區目前承擔互愛隊長的范光文推薦，將承擔五年

李威震忙了一整天家業，到了晚上又摸黑一個人窩在庭院，整理回收來的環保輔具。（攝影／詹大為）

的協力隊長交棒給他（合心、和氣、互愛、協力為慈濟組織架構名稱）。兩人帶領社區志工投入組隊勤務，互動因而更頻繁，精進篤實的法親情誼，也更加深厚。

「他家庭院空地上堆滿輪椅、電動床、氣墊床、助行器等，常勸他回收掉一些；但是他很勤儉，許多輔具捨不得丟，總想辦法就是要把它修好。」范光文道出，他所了解的李威震，惜福愛物，勤勞又深具責任心。

值得一提的是，志工李宗炳對於輔具的運送，也是配合到無話可說。

「宗炳師兄常常和我家師兄，送輔具出去就是三四個小時。送到府還要搬，過頭過暗（臺語：意即常常過了用餐時間，兩個人還不見蹤影）。今年起，宗炳師兄去幫忙大舅子做

江士偉是專業的噴漆師傅，環保輔具修理好、經過噴漆後，外觀看起來就像全新的一樣。（照片提供／李威震）

水電工程。但星期日或晚上的時間，只要邀請他幫忙，一定都是沒問題的……」賴孟均述說著。

同社區的志工江士偉，之前家裡經營家具行，是專業的噴漆師傅。環保輔具修理好之後，就會請他來噴漆。

「經過噴漆後，輔具外觀看起來就像全新的一樣。」李威震希望借到輔具的人，都能感受到慈濟環保輔具平臺對使用者的用心和尊重。

李宗炳、范光文、江士偉等幾位志工「見苦知福」，因參與輔具轉運勤務，進而投入。運送輔具過程中，他們深切感受病患和家屬的需求，自然形成輔具團隊，也成為輔具需求者最大的後援。

社會需求日益增多

不分四季，無論晴雨，每日一早五點就到醬油工廠洗豆麴，是李威震既定了五十年的家務。

除了延續家中經營了五十一年的事業以外，他還有一項專長，就是撰寫工商使用的作帳系統程式。編寫電腦程式一定要有很強的邏輯思維，又懂得用不同角度去看待事物。

洗好豆麴，備妥所有釀造醬油的工序。到了上午十點左右，他便回到電腦工作室，繼續寫程式。接著，中午一點半左右，他再回到工廠，繼續作醬油。

自二〇一七年慈濟慈善基金會成立環保輔具平臺之後，社區環保輔具需求愈來愈多；如今，他埋首在環保輔具的時間，幾乎也愈來愈滿。

李威震說：「家族事業不能放，環保輔具更不能放。想來想去，只好慢慢割捨電腦程式這一部分的時間。」

「他待人很客氣、謙虛。常常看他一個人

李威震和志工搭了簡易儲存室，置放堪用且功能良好的輔具。（照片提供／詹大為）

忙著輔具的事。」原本在環保站做資源回收的蘇家正，看到李威震除了勤務，又為了回收回來的輔具而忙碌，因而主動來幫忙修理輪椅。

「我之前才修理好二十幾臺輪椅，最近他又跟我說：『輪椅又不夠了。』需求真的愈來愈多。」蘇家正驚呼。

家裡曾開設機車行的蘇家正，學過機車修理，因此也會修理輪椅。雖然罹患小腦萎縮症，行動不便，但他仍把握時間，一有空就騎著電動三輪車，從員林市莒光路的家，來到李威震位於山腳路的家幫忙。

及時幫助　更有意義

修復回收輔具近十年，在環保輔具平臺未成立前，李威震常感到資源不足。他表示，平臺成立後，資源和助力變多了。就像南投志工洪錫財，也經常傳承他的技術，讓平臺節省了很多開銷。

「有時候，案家的需要是臨時性的，我們能做的就是立刻給予幫助。難免會有聯絡不到其他師兄協助的時候，那時我就一個人將輔具送過去。」

沉重的病床，在他手上看來簡直輕如鴻毛般。一個角度兩個滑軌靠著，他就能將一張幾十公斤重的病床，輕而易舉地推上車。

李威震在社區也承擔精進組幹事，時常為往生者助念。他認為「助念」就是和往生大德結一分善緣；但是若能夠載送輔具到病患家中，在患者生前有需要的時候，就給予及時的幫助，更有意義。

「許多家屬都因為輔具感受到慈濟的好，在使用者往生後，歸還輔具同時也會主動包個紅包表心意。在婉拒不了時，我便以使用者大名，捐贈到慈濟基金會。再將收據親送到家屬手中。家屬常因此備受感動，從而加入慈濟會員。」他說。

不忘助人初心　困難必有解

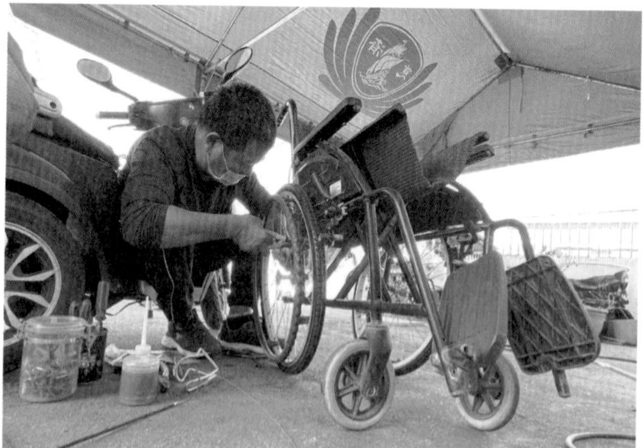

家裡曾開過機車行的蘇家正，學過機車修理，會修理輪椅。雖然罹患小腦萎縮症，行動不便，仍把握時間投入維修。（照片提供／李威震）

在精進路途中，難免會有遇到困難時，李威震時常回想進慈濟時，助人的初發心。他表示，只要不忘一念助人的初發心，其實就沒有什麼事情是困難的。

目前彰化環保輔具平臺有十四個輔具據點，一起守護生命、守護愛。「我們在接到申請案時，會依所屬區域給當地的師兄服務。他們地頭較熟，也比較親近，服務更周到，感恩各據點菩薩一起護持。」志工們發揮了合和互協的精神，一起護持輔具轉運。

從程式工程師變身輔具醫師，為他人編寫幸福人生方程式。不論行政工作、修復或轉運……慈濟彰化環保輔具平臺窗口李威震本著助人的初發心，展現「物盡其用」的精神，秉持克勤、克儉、克難的慈濟家風，與團隊通力合作，時時刻刻為輔具需要者默默耕耘著。

李威震自行設計兩個滑軌跨在貨車尾，一人就能將一張幾十公斤重的病床，輕而易舉地推上車。（攝影／詹大為）

四百坪倉庫變身環保輔具「百貨公司」

回收來的輔具會成為廢棄物還是寶物？愛惜物命的志工迎向挑戰，消毒、清潔、維修，甚至噴漆美化，讓回收輔具由內而外煥然一新。這分用心很單純，只是希望收到的人都開心。

慈濟各地的環保站，就像是一個個尋寶場，人們眼中的「廢棄物」，對志工來說卻猶如「寶物」；儘管這些物件有些微瑕疵，絲毫不減他們賦予新生命的熱情。

因應二〇二一年四月「慈濟大中區環保輔具平臺」成立，志工黃裕仁利用自家廣達四百坪的工廠場地，挪作輔具倉庫；只見輔具的分類及擺設清楚整齊，有如百貨公司般琳琅滿目。

用心 換來受贈者驚喜

在加入「慈濟環保輔具平臺」之前，洪錫財做環保。在拆解回收物時，他看見許多被丟棄的醫療輔具外觀尚稱完好，卻被當成廢鐵賣掉，感到十分可惜。身為機械維修師傅，於是他開始動手修復，讓有需要的人免費取走。

社區增設一個慈濟環保站後，回收的輔具更多了，洪錫財找來幾位朋友幫忙維修。老家庭院鐵皮廊道空間寬敞，他也會把物品帶回家維修，此處就成了「惜福站」。

二手物免費結緣，口耳相傳下，許多人紛紛前來尋寶，照服員來此找輔具，慈濟志工也會轉運給照顧戶。一二十年下來，看著透過自己的一點心力，讓廢棄物重獲新生，又能幫上別人的忙，洪錫財樂此不疲。

四百坪的倉庫中，輔具的分類及擺設清楚整齊，有如百貨公司般琳琅滿目。（攝影／黃裕仁）

二〇一九年，洪錫財輾轉聽聞大愛電視節目《行動現場》報導志工謝國榮致力推動「環保輔具平臺」，內心感到無比雀躍：「原來也有人跟我做著相同的事，我卻不知道！」

而另一個因緣也緊接而來，洪錫財於二〇二一年元月回到精舍當志工，花蓮志工邱雲瑩邀約慈發處同仁吳中宏一起鼓勵他成立中區平臺，並分享北區與花東的經驗。

洪錫財回去後思考，成立環保輔具平臺需要倉庫，想到黃裕仁有個近四百坪的閒置鞋工廠，兩人一拍即合，於二〇二一年四月成立「慈濟大中區環保輔具平臺」，對外接受中、苗、投、彰、雲、嘉各地鄉親申請輔具；兩年內，雲林、彰化、苗栗、嘉義在地慈濟志工也

洪錫財有機械維修的專業，勤於修護輔具，延續物命，造福案家。（攝影／蕭耀華）

相繼成立平臺，彼此串連與支援。

從回收、曝曬、清洗、消毒、檢修、貼上慈濟標誌、兩次消毒，最後入庫，環保輔具平臺建立了一套標準作業流程，以確保輔具的安全與功能。洪錫財堅持每個細節一定要做到最好，因而有人說他的要求很「龜毛」，但他不為所動。

「上人說過，給人家物資，要給最好的！我敢貼上慈濟標誌，就是品質保證。」

他又說：「如果我們馬馬虎虎就送出去，對方不喜歡就結了惡緣，不如不送，否則對慈濟也是一種傷害。」

用心之重要，親自送輔具到案家的他最有感。他時常聽到案家驚歎：「哇！你們的東西像新的一樣！」甚至還有人說：「師兄，我要舊的就好，你怎麼送新的給我？」能換來案家的驚喜讚歎，靠的就是這分用心。

讓無助的照顧者有所倚靠

到宅送輔具時，看到老人照顧老人，甚至是老人照顧年輕人，洪錫財內心總想著，該如何減輕照顧者的負擔？

他用心貼心，換來一張張轉悲為喜的歡顏；無論再辛苦，他告訴自己：「做就對了。」

「你好！跟你確認一下，輔具是下午幫你們送過去嗎？」

出發前，洪錫財心血來潮再打電話確認，卻聽到電話那頭焦急的聲音：「師兄，你能現在過來嗎？我先生昨晚摔下床……」洪錫財立即邀了搭檔黃裕仁趕去。

長期臥床的患者體重一百多公斤，不慎滑下床去，整個人就像木樁一樣，杵在床與牆的夾縫中動彈不得，兩人趕緊扶他坐上床。

原先那張彈簧床都被尿漬腐蝕了，病人身上飄散出濃濃的尿騷味。經過太太一番清洗，當他躺在志工送來的電動病床那一刻，終於綻開幸福的笑容，頻頻道謝：「感恩！感恩！沒有慈濟，我不知道該怎麼辦？」

正是一張又一張轉悲為喜的笑顏，鼓舞著洪錫財堅定地行在這一條輔具之路。

貼心二十四小時開機

洪錫財除了做事用心，更是貼心。走入案家，他觀察到一個社會現象——老人照顧老人，甚至是老人照顧年輕人。他聽過患者說：「照顧我的另一半，竟然先走了。」不禁思考，若有電動病床，讓患者可以自己調整高度，照顧者也可稍微喘息。

但電動病床經常供不應求，而手動病床卻常閒置。於是他和電工師傅洪宏宗一起改裝手動病床為電動，至今已改了二百多床；許多輔具志工紛紛前來向洪錫財取經。

不過，手動病床在某些區域仍有用武之地，洪錫財說：「山上、海邊的環境比較潮濕，電子控制器容易受潮，或是患者有時會任意拉扯線路的狀況，這時仍會建議案家使用手動病床。」

「輔具申請沒有條件限制，只要願意惜福，我們都樂意服務到家。收輔具也是配合人家，即使半夜來電說要捐病床，我也會立刻出門。」每天，洪錫財保持二十四小時電話開機，日夜奔走於大街小巷。

慈濟環保輔具平臺結合了慈善，適時地給予弱勢家庭最厚實的依靠。

有位老先生照顧因車禍全身癱瘓的兒子，租用氧氣製造機、抽痰機及呼吸器，每月負擔沉重。洪錫財送去氧氣製造機和抽痰機時，了解案家還得租呼吸器，於是提報為慈濟訪視個案，給予長期濟助。

又有一次，洪錫財送病床到眷村。一進門，老太太熱情招呼：「師兄，你們辛苦了，先喝個涼水。」只見桌上擺了菸、酒、檳榔等東西，洪錫財婉謝她的好意：「很抱歉，慈濟有十戒，這些我們不能吃。」

病床安裝完成，老太太頻頻道謝，還遞上一個紅包：「師兄，這是我的一點心意。」洪錫財合十婉拒：「慈濟環保輔具平臺有兩個共同的默契：滴水不沾，分文不取。」

老太太感動莫名：「我做了三十年的慈濟會員，現在在我最需要的時候，還是慈濟來幫助我！」

疫情下雲端相會 倉庫變身輔具百貨公司

在新冠疫情肆虐期間，志工難得能見到證嚴上人一面。二〇二二年八月二十一日，是南投志工共同期待的一天，拜科技之賜，他們將與上人在雲端相會。

鏡頭來到南投草屯，由志工黃裕仁介紹輔具的種類，畫面中，首先看到床墊，分九十公分和八十六公分的規格，有兩段式病床、三段式病床及四段式的特殊病床可以翻身；還有附帶輪子的便盆椅，可以當洗澡椅使用，還有尿布、一般輪椅、電動輪椅、拐杖、學步車、電動代步車、電動復健機、抽痰機、氣墊床、直立床、一般輔具配件……分區規劃，一一擺放清潔整齊，堪稱應有盡有。

在輔具供需部分，洪錫財制定了一套流程。例如標示紅燈區有十六件，黃燈區三十二件，綠燈區有四十八件；維修與清洗輔具之前，要先看紅、黃、綠燈三區的庫存數量，再決定輔具維修與清洗的優先順序，這樣才可以達到供需平衡。

倉庫一角存放著輪椅，擺設清楚整齊。（攝影／黃裕仁）

透過科技雲端，上人看到大中區環保輔具倉庫的分類及擺設整齊，不禁讚歎。

洪錫財的搭檔黃裕仁進一步舉例說明，具有升降功能的病床，新品通常要一萬五至兩萬元起跳，但回收來的病床，有時或許只是螺絲鬆脫，重新上緊螺絲後，「使用上其實沒有問題，跟新的一樣！」

一分愛心 能啟動更多善心

回憶一開始和洪錫財合作，黃裕仁對他的印象是：「這個人好龜毛呀！」修好的輔具，洪錫財總要再三測試，確保沒有疏忽及問題。然而看著送出去的輔具，外觀三不五時有「落漆」，黃裕仁感到可惜，便自願承接下美化的

輔具倉庫裡備有各式輔具零件，方便志工維修與汰換。（攝影／黃裕仁）

噴漆工作。

「雖說是二手輔具，但由內而外煥然一新，收到的人會開心，同時也可以感受我們的用心。」除了協助美化，黃裕仁也協助平臺行政文書工作，並參與輔具消毒、清洗、維修以及收送。

對於人生，洪錫財心中其實深藏著一個遺憾，一向樂善好施的父親，六十歲時意外往生，帶給他生命無常的深刻領悟。因此他在五十九歲那年毅然退休，成為全職志工。

「上人說，這輩子的人生是上輩子寫的劇本，即使行善，也難保不會遭遇無常。」洪錫財語氣堅定：「所以，這輩子要『做起來囤』，結更多的善緣，積來世福。」

黃裕仁（左）回到文史處圖像組學習圖像離線編輯系統。（攝影／羅予甯）

二手輔具是回收而來，不用花錢；然而維修需要零件，洪錫財平時總是把無法修復的輔具拆下零件備用。但是改裝病床仍需要購買馬達、主機和控制器；維修氧氣製造機，所需的分子篩也要一筆費用。幸而，真誠的付出總是能感動人心，許多志工樂於捐助，輔具受益者也會發心護持，甚至加入協助輔具清洗的行列。

愛與善的循環，散發出人性的光輝，溫暖著洪錫財與黃裕仁的心田。「一個人走得快，一群人走得遠」，洪錫財與黃裕仁期盼有更多人加入，讓這分愛生生不息。

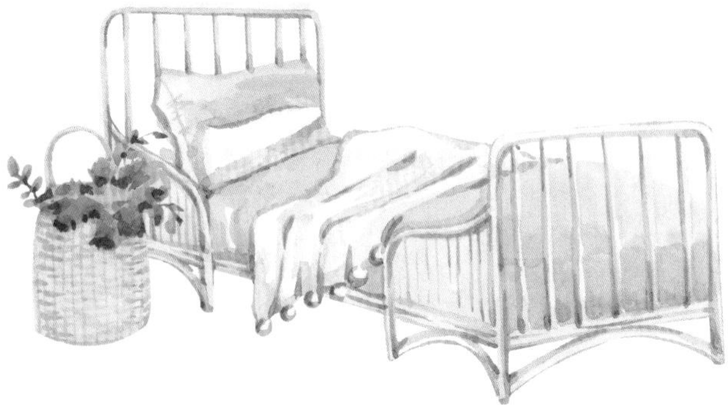

輔具宅急便 即時即送有效率

在桃園壢新醫院負責保全工作的彭振維，本著服務他人的精神，在輔具捐贈者和病患之間搭起無數溫馨的橋樑，讓病患家屬減輕經濟負擔，也延續了物命。在壢新醫院工作十二年，彭振維十分熟悉醫療器材的操作，送輔具過程中，他總會主動提供醫療常識給家屬知曉，也大大減輕了照顧者的心理壓力。

看盡人生百態的同理心，讓彭振維在下班後，仍像一顆齒輪般，不停轉動。只要病患提出需要，儘管他剛值完夜班，拖著疲累的身軀，也會騎著摩托車去送輪椅；遇到沒有電梯的住家，就算提著四十公斤重的製氧機，一階一階爬上高樓，他也是使命必達。

一張生鏽的病床

二〇一四年，在慈濟中壢園區環保站的角落裡，放著一張會眾送來的病床，原本還能用的病床，經風化後已開始生鏽。善心人士把病床捐給慈濟，卻沒有被善加利用，看在彭振維的心裡，除了感覺可惜，內心還有些不安。

因為，在醫院的急診室外，彭振維經常看到家屬為了出院後的照顧問題和龐大開銷而憂心忡忡。尤其是重症患者，近十萬元的輔具支出，並非一般家庭可以負擔得起，雖然可以向輔具資源中心申請長照補助，往往緩不濟急。

於是彭振維的內心慢慢浮起一個念頭，何不把回收回來的輔具，經過整理維修、消毒後，再免費提供給有需要的人使用？於是，他把家裡原本做環保的地下室空間改做輔具維

彭振維在慈濟八德園區，花了五分鐘，邊教、邊換了一個輪椅的輪胎。（攝影／呂孟玲）

修，沒上班時，就會在家裡維修輪椅，並做保養。

他解釋道：「以保養來說，因為鐵會生鏽，所以預防生鏽，就是要點油，這是一般市面上都可以買得到的，一般叫作潤滑油。」很多人會問他，為什麼喜歡做輔具？他回答道：「我不是喜歡做輔具，而是覺得把壞掉的輔具修理起來，提供給真正需要的人，是很有意義的事。」

現代社會過度刺激消費，就會產生大量的廢置物品。彭振維的想法如同許多美國人一樣，把車庫當作工廠，偶爾會有一些小東西，或者是一些想要修理的輔具，不管是不是可以修得好，他都會在家裡先試修看看；若真修好

彭振維手裡拿著一個新的馬達控制器說：「這是電動床的大腦，有了它床才能運作。」並詳細解說控制器的更換方式。（攝影／呂孟玲）

了，內心就充滿喜悅。就這樣，他會把回收的二手病床、輪椅、助行器帶回家，自己先整理清消過後，再送到申請的病患家中。

送電動床 並給予更深一層的協助

北橫公路的全名為「北部橫貫公路」，是一條位於臺灣北部的橫貫公路。在這條公路上，前往山區的車輛絡繹不絕，因為桃園復興區有許多著名的觀光景點，遊客如織，而這也是慈濟志工上山關懷的重要必經道路。

在復興區有一個部落，原住民語稱作「嘎色鬧」。桃園環保輔具平臺的一群志工載著電動床，正準備將床送到位於山上的陳天龍的家；山路遙遠，車子繞著山路一路盤旋而上。

陳天龍原本是專作素食料理的廚師，十年前中風，二〇一七年又發生嚴重的車禍，造成脊椎損傷，不但行動困難，連工作也因此沒了。

他在二〇一八年自己打電話尋求慈濟協助，平常志工訪視時，陳天龍已經在樓下客廳等候；直到二〇二〇年，他才提到自己睡的沙發床壞了，自己無法從床上起來，長期下來其實都靠太太抱扶，太太身體也因此不堪負荷。

陳天龍表示：「我們原本有向復興區公所申請輔具，可是區公所說，要我們自行先購買，再拿收據來申請，我們已經沒有錢了，怎麼可能這樣做？所以才透過慈濟的訪視志工，幫我們向慈濟申請。」

送來電動床後，還得要測試山上的電力是否足夠，以免跳電或影響安全。彭振維打開電箱一看：「電力就只有這樣而已呀！這樣不夠。」陳天龍家的電源，是從親戚那邊牽過來的，電線太小了，只夠提供二個電燈、一個插座；如果電動床再進來，插座太多，對於木造的房子來說，若是電線走火，安全堪慮。

彭振維看了之後指出，即使沒有電動床，安全也是要考慮，這樣用電風險太大。於是他當場裝設了一個電源斷路器，多增加一個電源，增設完成；插上電源後，彭振維請陳天龍試坐電動床，並教他如何使用遙控器。

「來，我跟你講，這有分背腿身，然後背就是這個地方，腿就是腳，然後身。你看看，我把腿升起來，你有沒有發覺？高度要怎麼樣你自己決定。」彭振維比手畫腳細心示範著。

「我知道了，這樣可以嗎？」陳天龍照著彭振維的示範，再重新做一遍給彭振維看，彭振維點點頭，並轉身向陳天龍的太太說：「這樣的話，妳就不用那麼累，每天去幫他；他自己可以透過機器來協助起床，妳照顧上會變得比較輕鬆。」聽完，陳天龍的太太不禁開心地笑了。

訪視中　細心觀察無微不至

因為陳天龍住在山上，不方便到醫院復健，彭振維又協助送來助行器，讓他練習走路。

當他看到陳天龍拿著助行器，觀察到兩邊角度是不一樣的，也就是說，他使用的力量不

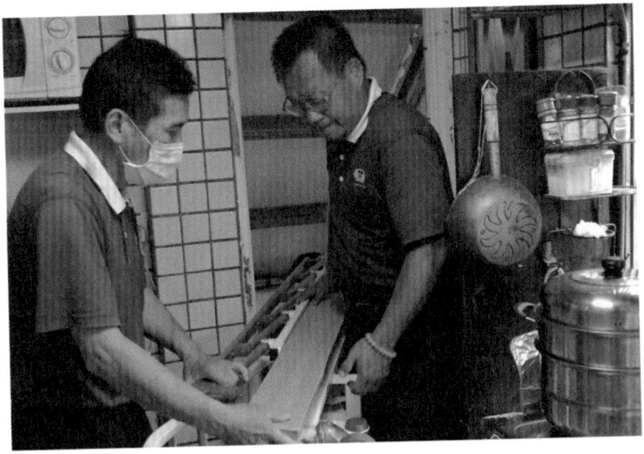

陳天龍住二樓，樓梯又陡又窄小，謝國榮（左）與彭振維小心又有技巧地將病床搬到他的房間。（攝影／呂孟玲）

一樣，會偏一邊用力；因為用力不均又偏向某一邊，他的骨骼、肌肉都會移位，很容易造成受傷。

在復健過程當中，這將是一個非常大的隱憂，彭振維雖然不是醫師，但就長期陪伴病患累積的經驗來看，他有這樣的擔憂。他問陳天龍：「你有沒有發覺走路時，你的右腳是用腳尖走路的？你不要怕，就大膽地用腳跟踩下去，試試看會怎樣？」

陳天龍回答：「我左腳是正常的，所以都是以左腳先起步。」

彭振維再鼓勵他說：「我知道復健會痛，但你一定要出力；沒有這個痛，你得不到後面的成效。」

陳天龍聽進去了，他的右腳腳跟真的踩地了。彭振維也為他示範助行器：「你要這樣拉開，有沒有？聽到一個『啪』的聲音，這樣才可以，它就不會縮回去。這樣你可以比平常走路快，至少可以快一半。」

助行器就是要讓陳天龍走路穩，而不是求快。在彭振維的陪伴與鼓勵下，陳天龍慢慢走，逐漸可以走直線；等到他每一步、每一步都可以自己控制時，就能愈走愈順，走的肌力也會愈來愈強。

不只是受傷者本身，有時照顧者也需要輔具。像是陳天龍的太太張春香，原本在餐廳擔任助手，先生受傷後，她要照顧，還要趁餐廳有訂桌時去工作，身心疲憊。彭振維也帶來一件護腰給她穿，並叮嚀著：「護腰可以調整，妳瘦的時候，就可以拉緊一點；胖的時候，就放鬆一點。」

彭振維進一步提醒，「冬天時，衣服穿得比較多，就可以把護腰穿在裡面。對照顧病患的家屬來講，長期下來，通常不是腰痠就是背痛，到最後，往往會引起所謂的『肌腱炎』，這是我們的經驗。所以我會覺得說，若要讓家裡面的病人好，家屬也一定要安好；家屬如果

陳天龍在庭院中來回試著以助行器走路，訪視志工在旁陪伴與鼓勵他。（攝影／呂孟玲）

沒有健康，病人絕對不會健康。」

與大廚的約定 半年後辦一桌宴客

才短短三個月的時間，陳天龍的進步速度超乎眾人想像，如今不僅可以下廚兼做復健，他還要慢慢地把賴以維生的廚藝找回來。

他常常激勵自己要重回職場，所以時常拿菜刀切東切西，當作復健；每天努力做運動，因為神經要恢復滿困難的，就是要持續地做，並利用料理的時刻，來鍛鍊自己的協調性。

陳天龍家二樓的陽臺上，有香椿盆栽，他用剪刀把剛長出來的嫩葉剪下來，再用刀將它剁碎。香椿觀賞兼食用均可，它有抗氧化的功效，而且很香，他要作香椿花捲的料，因為麵

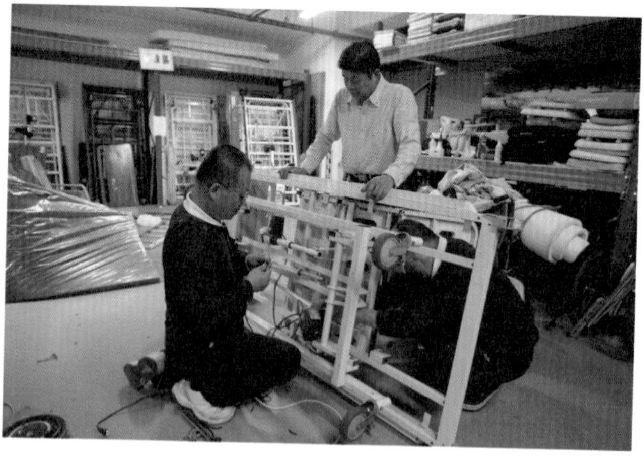

彭振維（左）、吳文讚（中）、陳東明（右）等三人正協力修護電動床。（攝影／葉晉宏）

食是他的拿手料理。怕志工來的時候剛好是吃飯的時間，怕志工會餓，陳天龍想預先準備著，至少能解志工肚子的餓。

香椿花捲如此美味，陳天龍的用心讓彭振維很是感動，心裡想著：「我們給他的，真的不多，我們只有給他愛。」望著陳天龍赤裸的腳，他感性地對著陳天龍叮嚀：「你那個腳趾頭顏色比較深，血液循環不太好，不要被細菌感染到，一般神經受傷的人免疫力比較低，所以盡可能就是戴手套、穿鞋子。」

彭振維並鼓勵他：「還有一百七十九天，時間還很長，你要趁這段時間好好復健，把身體照顧好；我們說好半年後，你要辦一桌料理來宴客喔，我們都期待著！」

「人生八苦，病苦最苦。」而解決病人的苦，就是慈濟志工基本的要求，是一分責任，也是一個使命。彭振維覺得，能看到病人家屬開心笑出來，壓力得以釋放，對志工來說，就是最大、最好、最歡喜的回饋。

之於輔具服務的意義，彭振維形容：「送輔具，只需要十分鐘、二十分鐘或三十分鐘的運送過程，但就像證嚴上人說的『滴水成河，粒米成籮』，一點點時間的付出，在時間的長河裡，就能成就菩提。」

以身行示範　帶動多人投入行善

「你們是很有愛心的人，社會要多一些像你們這樣的人。」總是得到案家這樣的回饋，曾慶安這三年來擔任桃園八德環保輔具據點的負責人，做得很開心。每每看到案家的狀況，令他不免想到自己爸爸往生前的幾個月，他載病床、輪椅及助步車回家，因為自己有過同樣的體驗，感受特別深刻。

每次到了案家，曾慶安會忍不住多看多問，讓關懷的面向更廣、更深。有時候案家只申請了兩樣，但曾慶安觀察後發現他們還需要其他輔具，就趕緊再送過去，跑了第二趟、第三趟；甚至於如果發覺有其他生活需要，如打掃居家環境或生活有困難，他也會提報給訪視組。

輔具服務不是送貨服務，若能在互動中更了解對方的需要，還能感動對方，甚至影響更多人未來願意加入助人的行列。

察覺案家未說出口的需要

最近讓曾慶安常放不下的一戶案家，是位於桃園區明光街的李家兄弟，由七十幾歲的哥哥照顧六十幾歲臥床的弟弟，老人照顧老人，卻沒有其他家人可以換手。

第一次，他先送輪椅過去，接著又送去電動床及氣墊床；與哥哥聊天時，曾慶安「雞婆」地問：「弟弟睡一樓，那您睡哪裡？」得知哥哥打算從二樓搬下來，就在床邊打地鋪，曾慶安跑了第三趟，送來陪伴床。

第四趟，曾慶安帶來三角墊、病床桌板、尿片與移位帶，其中的三角墊讓哥哥在幫弟弟翻身、換尿片或是擦澡時，弟弟的身體不至於倒下來，讓陪伴者在照顧上更方便。

曾慶安為李氏兄弟的哥哥李家昇送來高背輪椅，還當場指導如何使用。（攝影／李明霂）

李家昇的弟弟李昭銘（居中）身體康復重生，志工邊拍手邊唱＜無量壽福＞，祝福他生日快樂。（攝影／李明霖）

這位哥哥又提到，輪椅的安全帶無法將弟弟固定，且弟弟頭部也會晃動。隔天曾慶安又幫他們載來高背輪椅。哥哥說，弟弟的雙腳漸漸有力，而且每天在居服員協助下，已經可以坐在輪椅上慢慢移動，高背式輪椅正是他們目前最需要的輔具。哥哥不斷道謝，一直感嘆社會上要多一些像曾慶安這樣的人才好。

「透過五次的關懷，弟弟照顧到了，哥哥也照顧到了，我非常地開心。」曾慶安滿臉歡愉。

巧遇昔日恩人 及時報恩

人口老化、醫療發達導致平均餘命延長；交通事故增加，以及長者確診新冠肺炎（COVID-19）後體力大不如前等，種種因素交集，讓社會上需要輔具的人數日益增多。桃園環保輔具平臺原先位於中壢的堆放處，因場地有問題，於二〇二〇年十月將輔具搬遷至八德靜思堂放置，並於二〇二一年增設八德環保輔具據點，同時推薦曾慶安為負責人。

八德靜思堂地下室的空間有限，若輔具太多，就會占用到停車空間。曾慶安靈機一動，想到自家工廠二樓，不但有電梯，更有多餘空間，於是他把放不下的輔具移到自家工廠二樓；他下班要送輔具時，就可以更即時、更快速，讓案家有輔具可以用。

人人具有愛心，像是現年三十八歲的易正樺，戴著一副眼鏡，長相斯文。他曾是感恩戶的兒子，因為父母親生病，長期受到慈濟的關愛。目前他在曾慶安的工廠上班，也參與輔具的運送，送愛助人。

過程中，易正樺遇過一個個案，讓他印象非常深刻，記憶湧上心頭。「我當兵時曾在鶯歌戶政事務所服替代役，遇到金鳳阿姨，她對我非常好，常常拿點心、飲料、餅乾、水果給我，甚至去市場買菜，都會帶上一份給我，對我非常照顧，但退伍後我們就沒再聯絡了。」

緣分如此巧妙，那日易正樺把病床搬上樓時，「我一眼就認出，是當時的金鳳阿姨，她雖然沒認出我，但已經感動到落淚；她先生已經躺在地上兩三個月了，只有慈濟可以幫忙，有免費的病床可以用，讓他們非常感激。」

見到阿姨落淚那一刻，易正樺內心揪了一下，趕緊把病床安置好，也一起幫她把先生抱到床上，「連他兩個兒子都沒有抱過他老爸，你們慈濟人怎麼這麼好？我真的非常感恩。」她再次感動落淚向他訴說。

其實，易正樺內心也激動不已，「緣分如此不可思議，感謝慈濟，讓我有機會小小回報阿姨。內心感到無比快樂，我也會持續在輔具團隊中結好緣。」

曾經受惠更有感　加入團隊傳大愛

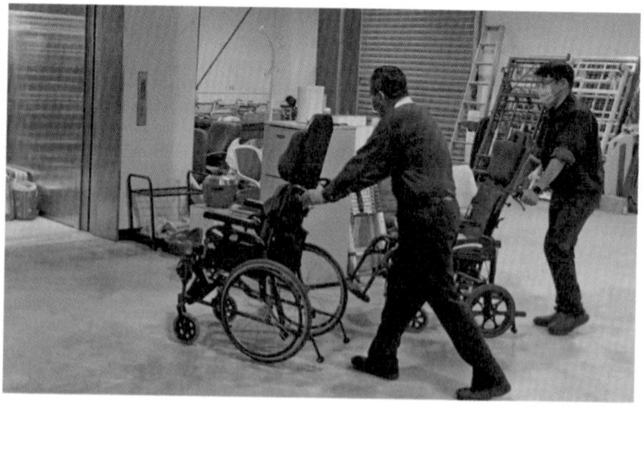

曾慶安公司的二樓協助堆放輔具，一來解決八德靜思堂空間不足的問題，二來也利於他隨時可送輔具，給予案家及時的幫助。（攝影／張清和）

當你用愛服務，必能感動他人。羅富寬多年前還在臺北南港上班時，因單位長官的需要，與內湖環保站的師兄接觸過，得知慈濟有輔具服務；羅富寬的母親於二〇一七年三月中風，經由曾慶安向慈濟申請輔具。

羅富寬提到，雖然政府對於領有殘障手冊居家照護的病人，在輔具申請時有些許補助，但透過申請購買的醫療器材，無法像輔具團隊那樣快速、即時；且輔具資源能夠被循環再利用，對於有需要的病人及家屬來說，真是莫大的福音。

他感激地說：「看到慶安師兄上班時間不僅要忙於自己的事業，還得抽空整理、維修輔具，甚至於下班後再送到案家，這種無私的大愛精神，很值得學習。」

曾慶安的公司有電梯，方便搬運電動床，可節省體力。（攝影／張清和）

跟隨輔具團隊學習付出的當下，羅富寬心有所感：「老菩薩常說：『甘願做，歡喜受。』我體會到『行』的重要，無論身分、地位或學問高低，當你彎下腰，抬起不算輕的三馬達病床時，如同結實的稻穗，愈飽滿愈下彎，同時提醒自己，要保持一顆謙卑的心，來完成案家的託付。」

由於自己也曾是愛的受惠者，羅富寬希望能轉換身分為施予者，回饋大眾，讓慈善的循環，繼續傳承。

行動驚人迅速 一路愛的陪伴

長期在獅子會服務的前會長鄭富雄，曾提報一個個案，是姊姊照顧癌末的妹妹。二〇二二年二月時，妹妹顏阿申因癌症轉移致使眼睛凸出，右腳膝蓋因跌倒而腫大，除了到長庚醫院就醫外，也尋求過里長或議員幫忙；但因她才五十九歲，沒有重大傷病卡，所以無法使用長照二點〇的資源。

鄭富雄將此案引介給曾慶安，沒想到曾慶安動作迅速，服務到位。鄭富雄臉上滿是驚訝：「他當天就從八德跑去龜山了！還帶了一些伴手禮，包括尿布、營養品等。」

曾慶安到達龜山案家後，看到這一對姊妹，處境堪憐。體重約五十公斤的顏阿申，無力地癱躺在床上，偶爾會發出呻吟聲，全依靠體重才四十公斤的姊姊顏阿娟在一旁照顧、攙扶、翻身，以及幫忙盥洗。

於是，他向鄭富雄回報，且當天又跑了第二趟，搬去一個氣墊床，因為這位妹妹已經產生褥瘡。

「後來志工又找來慈濟人醫會的中醫師，幫她做推拿醫療；之後找了心理諮商師，幫她們做心理諮商。後來還啟動由龜山區的慈濟人幫她提供類似長照二點〇的協助，一週二次，直到兩三個月後，她往生了。」鄭富雄回憶著。

從顏阿申往生到出殯近一個月，龜山區慈濟人輪流協助接送顏阿娟至殯儀館，直到喪禮結束。鄭富雄將一切看在眼裡：「每次我去殯儀館，幾乎都有慈濟的人在現場，早上送她過去，下午兩三點就把她送回家。」

慈濟人一路愛的陪伴，鄭富雄盡收眼底，並對慈濟徹底改觀，打破了他對於慈濟「只救國外、不救國內」的迷思。之後，在曾慶安的邀約下，鄭富雄加入輔具團隊，跟著去收、送輔具，曾慶安慶幸又多了一位生力軍。

見苦知福　修復與母親的關係

見苦知福，天主教徒蔡沐澄分享了一件令他印象深刻的事。

有一對兩老相依的案家，唯一的兒子就讀研究所，二星期回家一次；案家申請了一張病床，病床送到時，房內空間狹小且雜亂不堪，堆有使用過的尿布、衣服等。

一進到屋中，立刻聞到刺鼻的尿騷味，當把原本的床鋪翻出來時，床底下竟有許多大便，臭氣沖天；牆壁上還有許多蜘蛛網，顯然久未清掃。但他也無暇考慮太多，就是想趕快將環境整理乾淨，把病床放置給需要用的人。

透過服務個案，蔡沐澄了解到，社會存在著許多陰暗的角落，仍有眾多等待援助的案例，也讓他格外體會自己是多麼幸運；他也更能了解自己身為居服員的媽媽，原來照顧案家是如此辛苦。

蔡沐澄感謝慈濟給他機會，讓他可以做對的事；也因為協助搬輔具，讓他與媽媽的關係因此修復許多。因為之前的他很叛逆，經常跟媽媽頂嘴，現在搬送輔具分享愛，讓他內心快樂，也更懂得珍惜所有。

爸爸說的話，我都做到了！

曾慶安的阿公當年因為生病，家裡因病而貧。阿公往生時，甚至得靠善心人士捐贈棺木，才能入土為安，「爸爸曾跟我說，如果你有看到艱苦人，你要幫助他。」曾慶安有把這句話記在心裡。

「我喜歡送輔具，是因為我們的付出無論高下，不分對象。也感恩這些人示現病苦和無常，讓我們有機會付出，彼此都非常快樂。說到這裡，我會想到……」曾慶安眼眶泛紅，「爸爸說的話，我都有做到了。」

人人有愛心，造福人間，集合起來的福氣就很大，並匯聚成為一股大愛。大愛在人間，就能消弭災難，人間祥和。

二〇一七年除夕曾慶安與父母親在公園合照，他感恩摯愛的雙親勞碌一生，也傳給他行善的家風。（照片提供／曾慶安）

屋寬不如心寬 大方捐作輔具中繼站

在交通便利的臺北車站後站承德路巷弄內，有慈濟大北區環保輔具平臺的輔具中繼倉庫。占地約四十坪的鐵皮屋倉庫，上下兩層加起來有八十坪，堆滿了大小各式各樣的醫療用輔具，包括電動床、輪椅、便盆椅、助行器、拐杖、呼吸器、尿布，甚至電動輪椅、復健器材等等，不勝枚舉。

倉庫中的一切，來自各方善心人士的捐贈，透過志工去回收運載，暫存於此，再一一根據申請者的需求，送到需要的案家手上。

輔具倉庫　以慈濟人文管理

倉庫的屋主黃朝昌表示，隨著網路平臺與手機的廣泛應用，臺北市於二〇一八年成立了二手輔具平臺。平臺成立後，捐贈者和申請者倍增，亟需一交通方便又能讓小卡車進出順暢，且利於環保輔具存放、清潔、測試、零件維修、分類放置的空間。

六十歲的黃朝昌，是受證二十多年的大安區慈濟志工；投入輔具團隊多年，他深知輔具團隊需要一個中繼倉庫的重要性。恰巧擁有這樣一個場地，完全符合輔具中繼倉庫的各項需求，原先是租給鄰近工廠使用，在二〇一九年初，他將此提供輔具團隊無償使用。

因地處四通八達的市中心，這座中繼倉庫成為大臺北地區大同、大安、中山、中正、萬華、信義、松山、文山等區回收輔具的據點。

各團隊主責志工都有倉庫的鑰匙，當區有申請者需求時，團隊有默契，進出秉持「以戒為制度，以愛為管理」的慈濟人文，自己開環

黃朝昌把要送出去的輔具，包括輪椅、便盆椅、助行器等，一一清點，整理後等待上車。（攝影／曾修宜）

保小貨車過來，開門後依各自狀況選取需要的輔具，載運出去。收回的輔具也是請案家先清潔消毒好，遵循「清淨在源頭」的原則，整理後載送回倉庫。

輔具收送之餘 迎接重重考驗

黃朝昌回憶道，「凡事起頭難」，倉庫剛啟用時，回收來的輔具，好的、壞的都混雜堆疊在一起，以至於常送錯輔具，或輔具送達後卻發現功能故障，往往徒勞無功。

但志工們不氣餒，面對問題，集思廣益、發揮專才。從設定流程、回收、功能測試、零件維修、存放空間標示、分類歸位，到搬運動線規畫，有條不紊。每次出車運送的事前準備工作，從原本需三小時，到現在只需半小時就可完成，工作效率提升，也大大節省了志工們的時間和體力。

因為輪胎多半是環保材質，回收的輪椅只能使用兩年，所以都需要換輪胎。早期是一臺貨車載十幾、二十部輪椅，送到志工許溪淚的機車行，請許師兄幫忙換輪胎。因為輪椅堆在店門口，路過的鄉親得知這是愛的循環，都樂意將自己不用的輪椅轉贈給需要的人，敦親睦鄰，產生善效應。

於是，黃朝昌想到一個「拿破輪」計畫，將回收的輪椅分送到不同的機車行或腳踏車行去換輪胎，如此可以讓更多人知道環保輔具平臺的存在。

種種倉庫管理的細節，黃朝昌道來如數家珍，例如，在回收的輔具中，便盆椅和拐杖申請的數量比回收的少，所以會剩下很多，團隊必須要想辦法處理，或是找志工來拆解當作資源回收；回收輔具的同時，也會回收到許多紙尿褲，這時團隊就會和創世社會福利基金會聯繫，了解他們的需求，看是否可以轉送給他們。

又譬如電動病床，在氣候變化時需求量變得很高，各區都會缺；這時候團隊會告訴申請

便盆椅和拐杖，因為申請的數量少，所以會剩下很多，志工會來此拆解作為資源回收。（照片提供／張秋燕）

者，「我們不是製造廠商，目前無法供應」，同時提供他們相關資訊，讓他們自己去申請或採購。不難感受到，在輔具收送之餘，內外存在著重重考驗。

帶動案家 種下愛的種子

早期，當事人透過Google表單登入申請或捐贈，志工採用人工分案。後來，慈濟慈善基金會製作慈濟環保輔具LINE官方帳號，可以用手機申請，且自動分案，各區輔具團隊可以獨立作業。提出申請的人，除一般會眾外，還會有慈濟訪視志工、政府社工、醫院社工等；對醫院而言，幫病患提出輔具的申請，若能讓病患家裡有電動病床等輔具，病患才能安心出院回家照護，所以這方面需求相當多。

收案之後，不論是收或送，黃朝昌都會先寄一封信給案家。信中致上感恩之意，同時清楚表明慈濟環保輔具是大愛善循環，立意良善，輔具志工不是送貨員，而是純粹送愛人員，沒有領慈濟薪水或政府補助。在確認回收時，同時宣導「清淨在源頭」，請捐贈者先清潔要回收的輔具。

信中並說明，一般電動床的重量約六十到一百四十公斤，體積固定大約二百×

一百×四十五公分，無法摺疊，搬運時需三到四個人力。因此，在時間、人力、空間上都需要家屬和志工彼此配合，同時建議家屬子孫、鄰居或臨時找路人協助，大家一起來搬運輔具，加深人們對生命的感受。如此，搬運不再只是一個動作，而是對於長輩的老病死更能由名詞轉換同理，進而同理生命的價值。

因為信任慈濟志工，捐贈者通常很願意捐贈輔具給慈濟。但捐贈者難免睹物思情，黃朝昌說，有次遇到一位捐贈者，含著眼淚一再擦拭已經很乾淨的電動床，說著：「希望後面用這個床的人，可以用得很乾淨，很溫暖。」原來是面對即將捐出的電動床，他想到媽媽，過往孝親的情境再次浮現。

志工們被他的孝心感動，大家一起合掌，為過往的母親念禱祝福，也讚賞捐贈者，懷抱「老吾老以及人之老」的愛心，喜捨讓愛傳出去。

雖然自己身上揹有貸款，一家人租屋居住，省吃儉用，黃朝昌很感恩家人的支持。他認為，輔具就是將福氣送到家，是愛的循環，但需要空間運作；因此他提供的這個空間，超越了「財產」，成為創造公益價值、大眾共善的「寶塔」。

他也形容，自己經營這倉庫是「校長兼敲鐘」，期待能有更多人加入，改進工作流程。他也感恩各區輔具志工團隊一起付出，且更期待訪視志工的加入，可以和輔具志工一起進入案家作深度的陪伴與關懷，讓輔具收送到案家之後，能持續將慈濟的理念和精神傳遞到家屬的身上，使愛的種子不只種下，更能發芽成長。

同理家屬的苦　時刻不忘鼓勵關懷

二〇二三年六月十七日端午節前夕，午後的臺北天空偶爾飄幾滴雨，空氣中瀰漫著夏日悶熱氣息，大北區輔具中繼站倉庫中停著一輛小貨車，大安區輔具團隊這天要出勤務。

「請問您需要的便盆椅要輪子嗎？要能摺疊嗎？」黃朝昌和提出需求的案家再次電話確

運送過程很艱辛，經常全身汗濕，輔具志工不是送貨員，而是純粹送愛，沒有領慈濟薪水或政府補助。（照片提供／湯雲台）

認，依著手機上的清單，和好夥伴彭建業把今天要送出的輔具包括輪椅、便盆椅、助行器等一一清點，整理後搬上小貨車。

在他們的清單上，共計有八個地址要送出及回收輔具，都是在大安區。小貨車連司機只能坐兩個人，其他兩位志工高大正和陳思宏則開著自己的小轎車跟在後面。臺北市區內堪稱「天龍國」的大安區，寸土寸金，轉進一般住宅區的巷子，巷子寬度往往僅容一、兩輛車子通行。在輔具運送過程中，「停車」始終是一大挑戰。

第一站來到住宅區巷內，兩側停滿車子，小貨車只能暫停巷道上，兩位志工匆匆把輪椅送上樓去給案家，另兩位志工則在樓下看著車子。

第二站住宅區內巷子更小了，幸好路邊有空間可以暫停車，志工們也是分工合作，把輔具送進去案家。這戶人家需要輪椅、便盆椅和助行器，志工就詢問家屬：家裡可有防滑及扶手等設施？無論停車多麼麻煩，行程再怎麼匆忙，黃朝昌一定不忘和家屬聊上幾句，關懷一下案家，也雙手合十祝福他們。

運送輔具幾年下來，黃朝昌看盡太多照顧者的艱辛。有時照顧者面臨的處境是沒錢、沒幫手，也沒輔具，承受的不僅是體力上的勞累，心理上也飽受折磨。即使在相對富裕的大安區，也屢見黑暗的角落，地小人稠，有的案家甚至窄小到無法放置電動床，也有許多是老老相依，甚至九十幾歲照顧六十幾歲者的案例。

黃朝昌很能同理照顧者的處境，所以總是盡可能供給他們最適用的輔具，以減輕他們的壓力，更不忘給予家屬鼓勵與祝福。

不論收或送　都是傳遞滿滿的愛

同行的高大正開著自己的小轎車，跟在後面幫忙。他表示，目前大安區每月約有二、三十件輔具收送需求，投入的志工也大約有

同行的志工高大正（左）開著自己的小轎車跟在運送輔具的貨車後面，隨時下車來協助。（攝影／曾修宜）

二、三十位，「不論是送還是收，都是滿滿的愛，很有意義，大家也很願意配合。」

高大正是一家大企業的負責人，公司業務繁忙，但是只要大安區內有輔具收送勤務，他肯定抽時間來幫忙。高大正覺得，在運送輔具的過程中，能夠感受到家屬的孝心；執勤時，不只看得到，自己也做得到，真正的感動，就在付出的當下；這份體驗也令他反思要更加孝順父母，同時趁自己有健康的身體時，多行善事。

大安區的輔具團隊志工，大多是生活頗有餘裕的「天龍國」居民，像高大正這樣的企業家、大老闆，比比皆是。但他們不只是搬運收送，更是愛心的傳播者，穿梭在車水馬龍的臺北市大街小巷，透過輔具收送，將愛心深入每個家庭，讓愛不斷地傳遞、循環下去。

志工把電動床搬上小貨車時，不僅要把床固定好，還要蓋上塑膠布防雨；為免貨車擋住小巷通路，匆忙整理後便駛離。（攝影／曾修宜）

第三章 無常驟至 生命轉彎

忘卻病苦送輔具 難忘受贈者笑容

「福氣、福氣，輔具就是福氣，我把福氣帶到每一位需要輔具的人身邊，看到他們臉上開心的笑容，這就是我最開心的事。」慈濟汐止聯絡處環保輔具平臺第一顆種子曾立文開心說著，臉上的笑容開朗溫暖。很難想像他曾經三度中風，而今又受到腫瘤的折磨。

在送輔具的過程中，曾立文看到許多人因病而苦，與其每日在自我編織的苦網中怨天尤人，他選擇直接膚慰別人，得到最真實的心靈力量。曾立文開始以自身飽受病苦、中風復健的過程與大家分享，提醒大家注意自身健康。

事業高峰突折翼 難掩心中落寞

二〇一八年曾立文五十三歲時，在工作中倒下，緊急送醫被醫生宣判中風。公

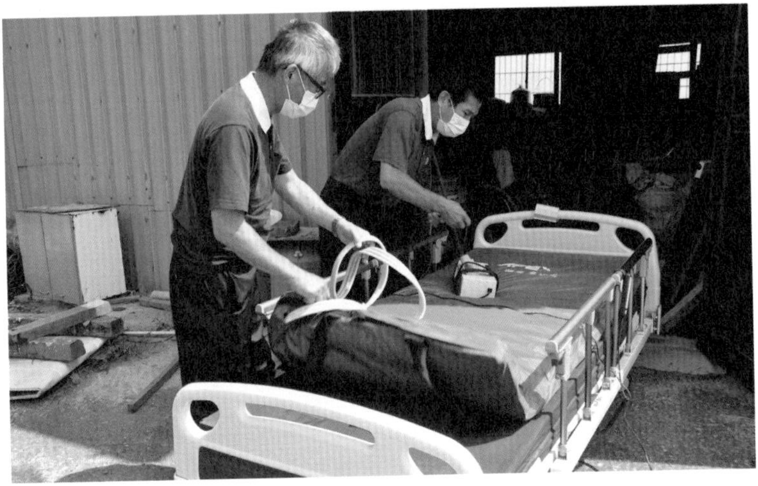

輔具送出前，曾立文（左）、謝國榮（右）檢測電動病床的各項功能是否正常。（攝影／李淑貞）

司同事到醫院探望，其中一句話嚴重刺傷了他：「你生病了，要趕快把所有東西都交出來呀！」這句話讓他鬱悶在心：「探望病人不是應該鼓勵他身體趕快好起來嗎？而不是催促他趕快把工作交出來吧。這麼說是什麼意思呢？」

因內心苦悶，導致他在醫院再次昏倒，被醫師宣告第二次中風。曾立文個性好強，術後積極認真復健，兩個月後終於可以回到職場，卻無法再像以往一樣到各國出差，公司請他改為負責管理工作。他感到既生氣又無奈，回想過去曾幫公司爭取無數的生意，病中回首，一切只是過往雲煙。

他了解不管如何爭論，也不能恢復到原

曾立文（站立者）兩次中風，領悟：「不是一個人就能完成所有事，要有團隊。」因為團隊可以互相補位，不會因一人而停擺。（攝影／蘇登添）

本的工作內容，甚至可能因生氣動怒導致命都沒了。經過一番思緒整理後，他將憤怒轉為感恩，在職場上申請退休。

昔日在職場上，老闆都會說：「只要小曾出馬就沒問題。」同事們也總說：「曾經理出面就沒問題。」但兩次的中風，讓他領悟到：「不是你一個人就可以完成所有的事，一定要有團隊。萬一個人倒了，團隊可以隨時互相補位繼續運作，不會因為一個人而停擺。」

幸運之神降臨　學開車送輔具

二〇一八年十一月，汐止區志工范長友邀請曾立文參與雙和靜思堂輔具分享會。

在那場分享會中，心性高傲的他冷眼旁觀，心想：「這些人要做輔具一定做不起來，因為人太少，意見又多。」不料，他剛在靜思堂用完餐，就接到志工莊鴻騰的電話，因為他媽媽需要輪椅，請曾立文幫忙申請，曾立文只好馬上詢問輪椅要怎麼申請。

「要登記啊！」「找誰登記？」「找謝國榮！」就在一來一往中，曾立文完成登記，心中半信半疑著輪椅真的會到汐止嗎？結果，隔天一早輪椅就送到汐止。

「很驚訝，怎麼可能效率那麼好？我心想再觀察看看，也許是巧合。」又有一天，志工呂炎宙請他幫忙找一張輪椅，他再試了一次，隔天輪椅又送到汐止。

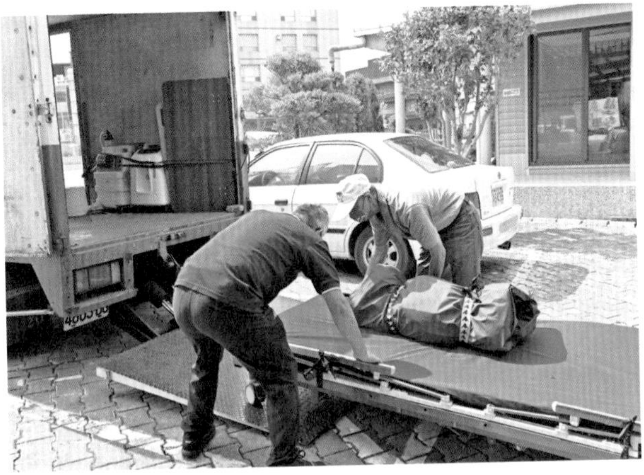

曾立文（左）、蘇登添（右）使用貨車的油壓升降平臺裝卸；他們認為輔具就是福氣，送福氣給案家是最開心的事。（攝影／林宏謀）

驚歎效率之餘，曾立文很想了解志工是如何做到的，於是主動向志工謝國榮表明要做輔具。謝國榮看到他拿拐杖，要求他幫忙打電話就好；但其實曾立文想要更精進，學習做更多，甚至想在汐止成立環保輔具平臺。他第一步學習開車，因為會開車就可以幫忙載送輔具，發揮更大的功能。

中風三度來敲門

然而命運的轉折始料未及，二〇二〇年某天早上起床時，曾立文發覺身體不舒服，熟悉的直覺告訴他情況不妙，他馬上攔了計程車到醫院。醫生診斷後告訴他需要馬上住院開刀，但是他內心掛念著還有輔具要送到宜蘭去，因此與醫生商量，等他完成輔具送交之後，再來開刀。

當他把輔具送達宜蘭，宜蘭區志工見他臉色不對，經過詢問，大家不捨地勸說，「你為什麼不回花蓮慈院開刀呢？」大家著手幫忙掛號，讓他回到花蓮慈濟醫院就醫，一番波折後做了冠狀動脈繞道手術，讓中風化險為夷。

三度中風導致他身體有許多不平衡的狀況，左手因長期拿拐杖，他坦言其實每一天只要是清醒的時候，全身都痠痛不已。但曾立文很樂觀，「既然都免不了會痠痛，那就去送輔具吧！」當他在執行送輔具、維修輔具等勤務時，雖然身體還是持續痠痛，他卻眉飛色舞說著：「做這些事的每一個當下，讓我可以忘記身上很多不舒服的狀況。」

本以為三次中風已是最大磨難，但近日曾立文又發現胃部有腫瘤，病情的折磨令他一時內心難平，「如此認真行善，怎麼還會生病？」然而靜下心來想想，他明白其實行善與身體健康是兩回事。人吃五穀雜糧，身體病壞是常態，行善怎能保證不生病？兩者不必混為一談。

努力鑽研維修技術 快樂學習

放下病痛，曾立文聊到輔具就開心，「其實很多輔具只要透過維修，就可以發揮它原本的功能，重點是你要學會拆裝維修的技術。」

這樣的體會來自於一次特殊的經驗。有一次他送輔具到新店，案主是單親媽媽和女兒，外婆生病躺在床上。當天原先與一位志工約好開車送輔具，但志工有事不

曾立文到嘉義聯絡處傳授正確知識，哪些人需要氧氣製造機，要依據醫院判斷；而志工本身也要有概念，了解真正需要者在哪裡。（攝影／林家芸）

能來，臨時又找不到人。

強忍著身體的疼痛，曾立文在馬路邊獨自把病床慢慢搬下來。單靠一個人要搬一張電動床上樓很困難，更何況是以他中風過的身體。他急中生智，「如果把零件一件一件分解後再拿上去，是不是會比較方便？」說做就做，他蹲在馬路邊開始拆卸電動床。

車來車往，一有車子靠近，曾立文就趕快把零件一件件搬開。多次之後，對面經營早餐店的老闆看不下去，拿了一張椅子過來幫忙擋住當標示，提醒來往車輛。案家母女倆知道後哭哭啼啼說道：「真抱歉，你行動不方便，我們兩個卻沒辦法幫上忙。」早餐店老闆也說：「真抱歉，我生意忙都無法幫忙。」

曾立文笑笑說道：「沒關係，祝福你生意興隆，以後還要向你募款呢。」又轉頭對案家母女說：「我慢慢搬，慢慢弄，你們兩個不要哭，再哭我今天所做就不值得了。」因為堅持，他從早上八點拆到下午，終於把電動床拆完搬到二樓，之後才接到志工的電話說可以來幫忙。

曾立文不急不徐回覆：「我已經搬好了。」他深信，所有的因緣都是好因緣，都是讓我們來學習的。往後曾立文在拆裝病床時就很輕鬆，不到十分鐘就可以組合好。他笑說，這可是當初用好幾個小時學習得來的技術。

很多輔具透過維修後，仍可繼續使用延長物命，因此曾立文不斷向各地志工請教如何維修輔具。

有次，他看到退休志工曾美媛的幼兒園堆滿了氧氣製造機，但每臺都缺一個分子篩零件，因零件數量不多，所以廠商不願意零賣。

曾立文想盡各種辦法，透過拍賣網站去購買零件，卻發現品質不如原來的。後來他請原服務公司的老闆幫忙向廠商遊說，終於購得分子篩。如此，近五十臺的氧氣製造機得以重見天日去幫助需要的人。

不僅如此，只要是發現需要幫助的人，曾立文總是自掏腰包。很多社區志工以為他工作這麼多年，肯定有不少退休金，他總是笑笑不肯多說。事實上，有一陣子每到中午時分，他拄著拐杖，騎著摩托車奔馳在汐止街上送便當賺外快。對此，他總是笑著說：「我幫忙送便當，既可賺錢，又可以替自己賺一個便當。」

跨越宗教疆域 大愛無國界

曾立文當年加入慈濟的因緣，說來也滿特別。

原來曾立文是虔誠的天主教徒，二〇〇九年在大愛電視《真情伴星月》節目中看到土耳其志工胡光中的真人故事，因而心生好奇。胡光中信奉回教，為什麼會進入慈濟？他坦言，因為懷疑主角的用意，好奇的他透過網路蒐尋胡光中的相關訊息，發現胡竟是他的同校學弟。

胡光中信仰回教，就讀天主教學校，卻到佛教團體來服務，他對此人感到佩服，想再多加了解胡光中其人其事，於是加入慈濟參與見習。加入慈濟後，所見所聞令曾立文信服，因為不論在世界任何一個角落發生災難，慈濟人總是第一個到達現場。

曾立文說：「我們聽得到，也看得到慈濟在做什麼事，因為認同慈濟人所做所行，都是利益眾生的事，慈善的事情，我愈做愈快樂。」

如今每週二、五，曾立文都要到醫院做復健，胃部的腫瘤已獲得改善，但只要有時間，他依然走在送輔具的路上，或在維修的地方繼續努力。讓自我的人生持續發光發熱，他笑言：「自己還能有多少生命，我不知道，我只知道趕快送輔具給需要幫忙的人。」

志工合力將電動床搬上貨車，並且繫繩固定，以防運送途中滑落。（攝影／廖嘉南）

放下自身殘疾　堅持做環保回收輔具

「九二一地震前一年，我開始做環保，二十幾年了；後來有人捐病床，我就配合訪視組的需求，開始回收輔具病床。」兩眼炯炯有神的慈濟志工謝鎧揚，娓娓道來他做輔具回收的因緣……

「我們做環保沒有假日，每天都在做，三義鄉、銅鑼鄉、後龍鎮都是我跟太太羅秋麗，還有一位已經往生的張憲林，三個人去回收的。」打開記憶的匣子，謝鎧揚說道，他們回收的輔具愈來愈多，除了病床，還有輪椅、ㄇ型助行器、腋下助行器等等。回收之後，經過清洗曝曬，便放在苗栗園區環保教育站裡。

謝鎧揚整理、檢查回收的病床，確認螺絲有沒有鎖緊或缺落。（攝影／張海濤）

右手失能 分秒疼痛三十年

「以前只繳功德款給志工劉安榮，那時候我也不是很認識慈濟。某日他丈母娘生日，我們去吃飯。聊天時，我問他現在在做什麼？他說在慈濟做環保。」聽到劉安榮在做環保，謝鎧揚馬上說：「我也要做。」第二天開始跟著劉安榮做環保回收，直到現在。

當時苗栗聯絡處還在車站站前十五樓，苗栗園區還沒開發。「我們那時候就去借車子，開去收環保，十八鄉鎮都去收。病床也是十八鄉鎮都送，有時還送到臺中、中壢、臺北等等。」謝鎧揚的妻子羅秋麗感恩有慈濟，讓她可以和先生一起做環保。

「我們從早上六七點出去，到中午十一、二

謝鎧揚和羅秋麗不執著，感恩有慈濟，把握每個因緣、每個當下，用心用愛做慈濟，廣結善緣。（攝影／傅台娟）

點才回來。」謝鎧揚自在地說，接近過年需求多時，往往有一二個禮拜要做一整天，他們自己買便當，然後在劉安榮家吃飯。

一九九四年，一場人生意外襲來。原本在苗栗一家隔音磚工廠上班的謝鎧揚，每天如常上班、下班。九月二十七日那天，因操作機器時，右手不慎被捲入輸送帶，他的身體也差點跟著被捲入。後來，他的右手殘廢了，分秒疼痛，至今已近三十年。謝鎧揚形容，每當寒冷的冬天，做環保做到很累時，右手就會不聽使喚地彎來彎去，他也沒法控制。

從環保到輔具平臺 一切水到渠成

謝鎧揚的家住在苗栗園區附近，發生意外後，他和妻子羅秋麗就在家裡做陶瓷花代工，因而有很多自己的時間。

「苗栗園區要開發時，我就進來培訓志工，能做的，我就盡力去做。」雖然謝鎧揚只能用一隻手做事，仍堅持每天做環保。

「輔具一直都是我在管理，隨時有人打電話來，就要處理。我右手殘廢，腰也會痛，還有無法克服的神經痛，隨時隨地都在痛，痛得入心入骨。」謝鎧揚無奈地說，除非睡著，他才沒感覺到痛，有時甚至還會被痛醒。

病痛磨人不止於此，「我睡眠很不好，血壓常飆很高；因為神經斷掉，吃止痛藥都沒有用；血液循環也不好，手都是冷冰冰的。」即使如此，他依然每天睜開眼睛就去載環保回收、送輔具。

「電話一來，有人捐病床，我們就找志工幫忙，大家一起去樓上把它搬下來。」謝鎧揚精神奕奕地說，有時找不到人手，或是只有兩個人，也要想方設法把病床扛下來。

「以前沒有環保輔具平臺，人家打電話來借病床、輪椅等，如果有，就能馬上送去；但如果沒有，就只能說抱歉。現在有了環保輔具平臺，假如苗栗園區沒有，我會請求臺中、臺北或新竹的師兄支援，載來苗栗，大家資源共享。」謝鎧揚覺得，從做環保再到做環保輔具平臺，一切是那麼地自然，水到渠成。

不捨老弱病苦 感受牽手動人時刻

電動輪椅回收回來，細心的謝鎧揚會檢查每一個部分，確定安全無虞，才會出借給需要的人。（攝影／傅台娟）

運送輔具病床的過程中，令謝鎧揚印象最深刻的一次，就是某次玉清宮附近有戶人家，打電話來問有沒有病床？他們需要兩張病床。

「有，請問你們住哪裡？把地址給我們。」他一接到電話，馬上處理。

「為什麼要兩張病床？」羅秋麗在一旁忍不住問道。

「因為家裡有兩位九十幾歲的老人家，行動都不方便。」羅秋麗聽到後，心頭一酸，眼淚已在眼眶打轉。

「什麼時候方便載來？」

「我們現在馬上載去。」謝鎧揚不捨地說。

謝鎧揚夫妻倆很快就把病床送過去，好不容易在一個很窄、很暗的巷弄裡找到那戶人家，進去他的家中，發現這地方又小又暗。

「兩位老人家弓著彎曲的身體，面對著面，手牽手，睡在通鋪上。」羅秋麗看到兩位老人家相互關心對方的恩愛模樣，「我心想，這是什麼樣的人生啊！他們要怎麼過日子？活到九十幾歲，那麼長壽，卻只能一直躺在床上。」

羅秋麗跟兩位老人家說：「我回去拿念佛機給您們聽，好不好？我們聽阿彌陀佛，身體就會比較輕鬆，心情也會比較好。」

她把念佛機拿去給他們時，兩位老人家很感動，合掌一直說感恩。「我覺得自己全身的疲累都消失了，只有感動，只有不捨。」後來她也持續去探望關心他們。

再難再累 都要助人離苦得樂

還有一次，他們三個人到大湖回收環保，因為量很多，邊整理邊分類再上車，到回收場去賣，做了兩個多小時的環保，身心已經相當疲累。這時謝鎧揚又接到電話，有照顧戶需要病床，他們馬不停蹄，馬上送病床到卓蘭鎮。

「我們找不到路，邊找邊問，到了目的地，才知道送病床要上三樓。」於是，由謝鎧揚先勘查場地，看要如何送上三樓。他發現樓梯很窄，費了九牛二虎之力，想方設法，才把病床抬上三樓。

上到三樓後，眼見個案睡在木床上痛苦的神情，「原本很累的身體，突然間忘了疲憊，精神力量都來了。」羅秋麗不捨地說，再累都要助人離苦得樂。

「十年來獅潭的環保所有點，都是我們在回收，載去回收場賣。獅潭志工黃玉成很認真地做環保，她先生傅師兄也是我們的榮董，一直很勤勞做環保回收。」羅秋麗感懷，每次去黃玉成家載回收物時，她都會煮綠豆湯或仙草請大家吃。

不只照顧貧病，輔具服務也照顧法親（慈濟志工）。羅秋麗表示，只要法親有需求，他們都會盡全力協助，「像是幾年前傅師兄生病了，我們就載病床去給他，他很感恩。後來黃玉成也老了，我們也送病床去，她的兒子徐譽恩很感動，也投身做慈濟，受證慈誠。」

志工張美玉也是一例，她家裡有一位百歲的婆婆及殘障的女兒；加上她年紀又大了，照顧很不容易。一個家需要兩張病床，照顧者與被照顧者都極為辛苦。她很感恩有環保輔具平臺的協助，對這個家幫助很大。

環保輔具平臺上雲端　造福更多人

環保輔具平臺，顧名思義就是需要建立雲端服務，由電腦作資料彙整。「我們兩人沒讀什麼書，也不會弄雲端，怎麼辦？幸好我兒子長大了，我跟他講這種情形，他就說：『那我來呀！』」一聽到兒子說這句話時，羅秋麗當下萬分感動。

「現在我兒子受證慈誠，因為工作的原因，他沒辦法全力地護持。雖然他沒有做很多事情，可是能做的事，他很用心。」羅秋麗寬慰地說，有時一天有很多件輔具需要登錄，兒

謝鎧揚和羅秋麗夫妻合力整理回收回來的病床，每天做得很歡喜。（攝影／傅台娟）

子一定會把它做好才休息。

「不只兒子受證慈誠，我媳婦後來也受證成為慈濟委員。」一家人都加入慈濟，羅秋麗感恩說道，兒子見父母認真做環保，從小也跟著做環保；有時送病床時人手不夠，他也會幫忙送；現在他更投入環保輔具平臺，承擔祕書的工作。

成立一個環保輔具平臺後，需要承擔的工作不少，包括窗口、運作、祕書等。可是苗栗人很少，大家都有另外要承擔的工作；因為信任，環保輔具平臺就交由謝鎧揚夫妻倆全權處理。

「做習慣了，遇到什麼困難，我們都會自己想辦法解決，每天做得很高興。」謝鎧揚靦腆地笑著。

志工親自將輔具送到案家中，合力將醫療床搬下車。（照片提供／葉晉宏）

凡走過 必留下足跡

謝鎧揚感恩證嚴上人創造慈濟，讓他做中學，學中覺。「我曾發願，能做就盡我的能力去做，慈濟這條路，我會一直走下去就對了。」以前都和鄰居喝酒、唱歌的他，做慈濟之後，雖然娛樂少了，日子過得更加充實。

一起做環保二十幾年的張憲林離世後，讓謝鎧揚感受頗深，「人生無常，在一起那麼久，感情很深，就像親兄弟一樣。我們既然不知道無常先到，還是明天先到，要把握能做就是福氣。」

羅秋麗回首盤點自己的生命，「一路走來，我們也曾被人倒債，差點想不開；一直到我們做慈濟後，師父慈悲說過，『你把那個錢就當作是捐給師父，是師父借他們的就好了。』為此心境一轉，轉個念，真空變妙有。」

每個人都是一部大藏經，凡走過必留下足跡。人生多少會遇到有些關卡過不去；如果有法，就可關關難過關關過。謝鎧揚和羅秋麗不執著過往，感恩有慈濟，把握每個因緣，每個當下，用心用愛做慈濟，廣結善緣。

機車行黑手老闆 推動輔具轉動愛

二〇一八年臺灣進入高齡社會，基隆市則將於二〇二三年邁入超高齡社會，老年人口比率一九點四三%居全國第六。證嚴上人曾慈示：「不是等長者跌倒了我們才做，到長者居家做安全改善。」這幾年，慈濟從走入社區推動長者健康促進開始，啟動安美專案以及環保輔具提供。

依山傍海的基隆，有許多弱勢家庭住在交通不便的地方，環保輔具平臺從吳文讚一個人開始做，到二〇二三年九月，整個團隊已有三十多人，只要一接到申請，都會配合家屬的時間，上山下海，使命必達。

這些從不同管道回收而來的輔具，經志工清潔、消毒、分類、儲存。待民眾上網填寫環保輔具申請單，或打專線電話說明需求接獲申請表後，志工會以最快的時間聯絡並送達。將輔具送出前，也會再次確認輔具清潔安全無疑，再送到目的地。

各種生活中的輔具，光是輪椅就有許多不同種類，如一般輪椅、骨科輪椅、高背輪椅等等。提供服務、輔具指導、輔具評估，外送到府服務，平臺通通都有！

過去無明造就 無數荒唐行

吳文讚出生於民風淳樸的雲林。呱呱墜地後即送他人當養子，因日夜哭啼

依山傍海的基隆，一層樓有一般三層樓的高度，志工合力搬著醫療床，爬上一階又一階的階梯前往案家。（攝影／葉晉宏）

而被送回原生家庭。農業時代，靠天吃飯，家境清寒的他常常有一餐沒一餐。憶起童年，吳文讚有些感傷：「小時候天天吃地瓜乾，曬好的地瓜乾拿去煮，那個真的很難吃，從小吃到大，現在想起來都還會怕！」

一心想趕快長大賺錢的吳文讚，小學畢業後，決定離家出走。他趁夜偷偷躲到運送菜車的大卡車上，一路偷渡到北部。

從小小的機車行學徒做起，苦熬了三年四個月，吳文讚升格成為修理機車師傅。離開原本的機車行來到基隆時，他已經是師傅等級了。

「民國七〇年代『臺灣錢淹腳目』，我很會賺錢也很會花錢。婚前喝酒、賭博、檳榔、菸樣樣來，夜夜笙歌，因為機車行外快多，有時一天賺上萬元，可惜存不下來，到手就花光光了。」吳文讚回憶起迷茫的過往，頻頻搖頭。

二十七歲正要結婚前的吳文讚，被一場大病突襲，頭痛欲裂。自幾間醫院轉來轉去，在沒有健保給付的年代，醫藥費早已用罄，甚至得借錢度日。病後吳文讚不斷自問：「大病痊癒，是否應該做一點好事呢？」

大病後的吳文讚學會珍惜所有，認真工作。一日打開電視看到大愛電視正在播放《聞風而來》的節目，劇情打動了他。他拿起電話捐款，從那時開始串起和慈濟的不解之緣。

接觸到慈濟之後，吳文讚開始參與環保資源回收。二〇〇三年參加培訓。第一年培訓沒有成功，因為惡習難改。吳文讚形容自己：「我常常和朋友喝酒到天亮，再買早點回家；三五好友到鋼琴酒吧，大把大把的鈔票放桌上，請服務小姐自己拿小費；搭乘麗星郵輪到公海賭博，一次都輸掉幾十萬。」

承擔志業 一念之間

懺悔過往，戒掉惡習，吳文讚二〇〇六年再次培訓，於二〇〇七年受證慈誠。受證後承擔訪視互愛幹事，跟著師姊做慈善訪視，一週二至三天都在外面跑家訪。有一次到金山，看到一張病床丟棄在室外，就問是不是可以讓他回收呢？之後便開始有了回收輔具的念頭。

看到有輪椅、病床，他會回收到店裡去修理。自己有小貨車，有人不要的傢俱、冰箱、洗衣機，通通載回到家裡，訪視時再輾轉送出去給需要人。吳文讚說：

「因為小時家境清寒，生活辛苦，現在我有能力了，就一直想要幫助別人，抱持著能幫助別人，就盡量幫助的心態。」

見吳文讚新居落成，經濟上都穩定了，同期培訓的蔡國萬師兄鼓勵他來做輔具。師兄告訴他，基隆區要設一個環保輔具平臺，希望他可以承擔窗口，建議他機車行頂讓給別人做就好了。

經銷商加機車修理的工作利潤很好，一個月至少二三十萬元的盈收，難道要放棄，去追求心靈的自由？吳文讚左思右想三個月，這決定勢必破壞家庭和諧。

「付出，才是真正富有」，一思及此，吳文讚下定決心把機車行頂讓出去，結束了

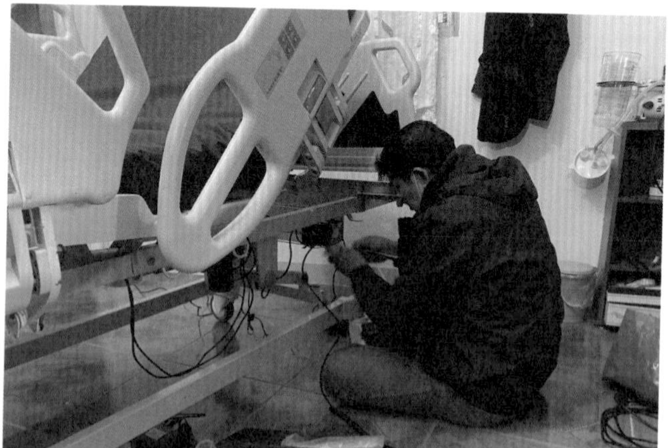

擅長機械維修的吳文讚，會不定期到案家維修或更換病床零件。（照片提供／吳文讚）

四十一年的「黑手」工作。做機車經銷商買的倉庫，包含地下室共四層樓，全部都改放輔具，變成一個環保輔具平臺倉庫。基隆區環保輔具平臺於二〇一八年的十二月二十八日正式成立。

共善共行 凝聚大力量

為此，吳文讚主動到基隆輔具資源中心學習如何做輔具清潔、消毒。輔具資源中心擁有來自日本的高溫臭氧消毒機，這臺機器可不簡單了，它是專門用來清除使用過的二手輔具上可能會有的細菌，讓民眾可以更安心地使用二手輔具，替大家的健康把關！

有時，吳文讚會支援基隆市輔具中心運送病床。基隆市輔具中心下午五點半下班，晚上若有捐贈醫療輔具的案件，會交由慈濟做，也是慈濟基隆區病床的主要來源之一。他說：「輔具中心有時沒辦法配合民眾收床的時間，就用LINE通知我，哪裡有病床可以收？這就是我們把握機會回收病床的時候了。」

因本身擁有修車技術，整修輪椅、病床難不倒他。但基隆有其特殊地形特色，吳文讚指出，基隆地形有九成是丘陵地，醫療床重達一百多公斤，推進家門得先克服蜿蜒山路，路途遙遠艱困。

以前開店時還有師傅可幫忙收送搬運，如今靠山沒了，怎麼辦？就在他傷腦筋時，賴奕嵩主動幫忙，賴奕嵩又找了褚有富，褚有富又找了高條來、闕旺秋、陳嘉和、林啟宗、林福萬、管炳煌等人。

後來又配合到張炎煌、宋金榮、李日、羅益昌，瑞芳區的李仁宗，七堵區的陳北丹，中正區的陳泰裕，夜間配合到外區收送的高德方，秘書組文書李玉琴、李慧雯等，團隊從一人增加到三十幾人[1]，這股善心逐漸凝聚成大力量！

基隆市輔具中心下午五點半下班，晚上有捐贈輔具的案件會交由慈濟來做，這也是基隆環保輔具的來源之一。（照片提供／吳文讚）

每月會有一次共修，招募更多有心投入的志工。為了提升志工在輔具維修上的專業技能，他們也會不定期舉辦輔具維修課程。吳文讚指出：「倒漂白水，加一些清潔劑、肥皂粉下去，再攪拌一下。回收來的床架、輪椅，一一清洗、消毒，是基隆環保輔具平臺志工的日常。」簡易克難空間是愛的交流站，更是延續物命的維修站，讓輔具之愛溫暖串流。

二〇二二年五月，環保輔具平臺搬進基隆靜思堂，規劃有四個區域，分成庫存區、清潔區、維修區、暫存區，建材全部是回收再利用的廢棄物，包括損壞的病床等，全部交由宋金榮負責拆解分類。醫療輔具收回來，清洗完之後再做檢查、維修，最後再曬乾放入小倉庫。吳文讚幾乎整天常駐，全年無休。

自度度人 同行菩薩道

二〇一九年，任職貢寮派出所所長的周承坤，因妻子住院病情危急，為了能讓

1 基隆輔具團隊在吳文讚的帶動與招募下，除了內文所述，陸續又有郭東隆、林銘溪、潘啟明、劉振江、卓進慶、林峯亮、潘國華、李哲男、陳泰發、黃進興、曾聰明、吳珉珠等志工加入。

妻子安心回家過年，向環保輔具平臺申請電動床和相關醫療器材。妻子往生後，全家人幫妻子圓滿捐榮董的心願。

調任平溪派出所所長後，熟悉貢寮、平溪偏鄉地址的周承坤，只要時間能配合，都會協助志工找到偏僻地址，並主動協助搬運、安置輔具。負責保護鄉親身家安全的他，同時也守護著鄉親們的健康。

周承坤不忘當時慈濟的協助：「妻子在除夕前要出院回家過年，向慈濟申請輔具，吳文讚師兄很快就送來輔具，後續又送來我們所需要的器材，整個房間布置得像是醫院的病房一樣，大到電動醫療床，小至點滴架，一一齊備。」

周承坤的太太是罹患乳癌，無法坐高背椅，文讚師兄便稍加改裝，讓他太太減輕疼痛，坐得比較舒服，「當時龐大的醫療費用讓我背負許多經濟壓力，還好當時有慈濟可以申請輔具。感恩證嚴法師慈悲，創造環保輔具平臺，感恩文讚師兄一路陪伴。」

貢獻醫療專業 免費送愛心

製氧機供應商黃孝裕一年提供的耗材零件、病床零件、輪椅零件，有將近二十萬元，免費提供給慈濟法親、中低收入家庭，聯絡即送達，「生病的人真的是滿辛苦的，如果能提供一些比較良好的設備，可以幫助改善他們身體狀況，改善生活。」

黃孝裕也無限量地提供製氧機，製氧機是一種侵入性的醫療器材，需經有醫療執照的專業人員指導使用，交給黃老闆服務，大家更安心。義診團隊往診，志工也會邀約黃老闆到平溪、貢寮等較偏遠地區，檢視製氧機的功能，並教導正確的使用方式。

因開設醫療器材店之便，若客戶有醫療床要捐贈，黃孝裕也會通知吳文讚去收回，是基

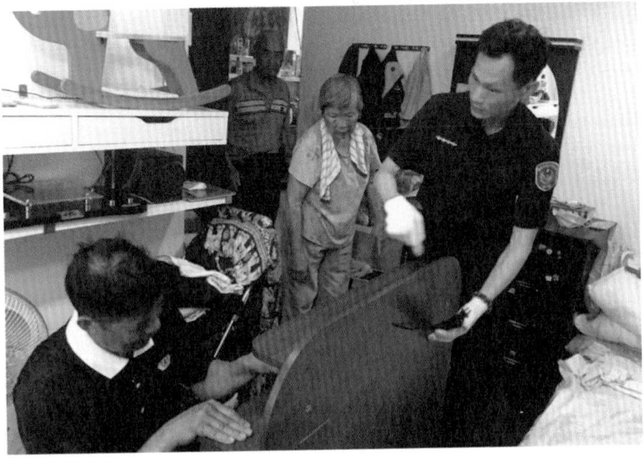

熟悉貢寮、平溪偏鄉的周所長（右一），只要時間能配合，都會主動協助搬運、安置輔具。（照片提供／吳文讚）

隆電動床數量可供支援其他地區環保輔具平臺的另一來源。

基隆有山區，也有靠海，運送環保輔具，即使有很好的體力和毅力，常常做到汗流浹背，遭遇的挫折和阻礙，自然也少不了。至少有三次，吳文讚都想說算了，不做了。

但他轉念想想：「許多弱勢家庭孤立無援，每分每秒專注照顧病人外，還須面對龐大經濟壓力，不知怎麼辦？輔具受惠的家庭，真的都以貧病苦家庭居多。」證嚴上人說：「病人的笑容是世上最美的風景」，送輔具時，看到病人的愁容重新展露歡顏，志工們就會感覺，一切辛苦也是值得了！

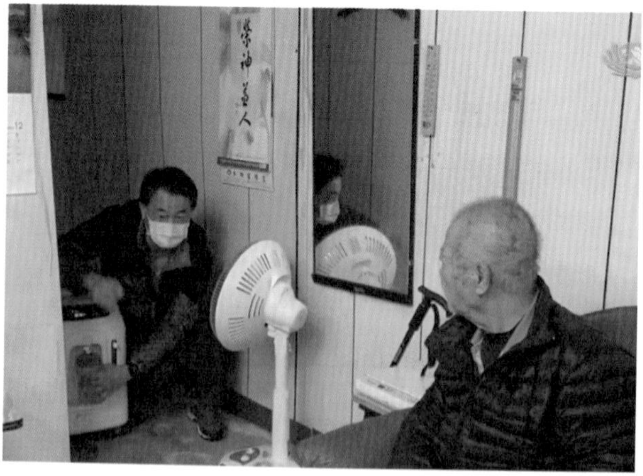

製氧機供應商黃孝裕（左一）免費提供一些耗材零件、病床與輪椅的零件給中低收入家庭，並教林先生使用製氧機。（攝影／吳文讚）

拚命清洗輔具 轉化自縛人生

嘉義地區工商業發展不及六都，年輕人口外流，因此長者居多，也格外需求輔具的幫忙，得以方便日常生活起居。

隨著輔具需求者眾，嘉義環保輔具平臺清消窗口翁麗謙，眼前面對著眾多等待清洗的輔具，她急速拿起手機在環保輔具平臺LINE群組發出訊息：「輔具清洗的量很多，希望大家明早八點儘量撥空來植福。」同時也默禱著，明早能有較多人力來投入清洗的工作。

意外突降 身心飽受折磨

翁麗謙平日喜愛登山運動，多年來已然成為一種習慣。二〇二〇年一家人與親友到郊外登山，先生邱明鏡瞬間倒地不省人事，急救無效，就此天人永隔。

「平常參加助念公祭，擔任醫療志工，看盡人生的生老病死，安慰別人幾句比較簡單，但是當悲劇真的發生在自己身上時，仍然是腦中一片空白與恐慌。」幸有慈濟法親及時陪伴，幫忙翁麗謙處理先生後事。

辦完喪事，接著又要辦喜事，翁麗謙只有一位獨生女，並有論及婚嫁的對象，依民間習俗須在百日內完婚。為讓女兒安心出嫁，在女兒面前不能表現軟弱，她積極參與活動，想要向女兒證明：獨自一人，她可以過得很好。

生活作息或許可以靠意志力硬撐，但心理的健康狀況卻難以掩藏。畏懼、恐慌的心，使得翁麗謙身體逐漸浮現狀況，開始發生抽筋，手指頭日漸僵硬。每當夜深人靜，獨自一人時，先生突然間倒下的畫面，在腦海中彷彿影片般不斷重複播放，揮之不去；她雙眼圓睜，久久無法成眠，必須藉助安眠藥才能入睡。

終於，黑夜退去，黎明來臨。不想獨處的翁麗謙，人到了環保站，看見有什麼工作都願做，只想藉著忙碌工作使身體疲憊，才不會再胡思亂想。

人愈找愈多　設計清消SOP

「嘉義環保輔具平臺」設在嘉義志業園區環保站後端一小角落，輔具大都來自於回收。環保輔具回收經紫外線消毒、檢修、清洗、曝曬，二次消毒後送往需要者使用；平臺目前已建立一套清消標準作業流程，以確保輔具的安全與功能。

輔具團隊利用簡陋鉛皮搭蓋的棚子儲放輔具，不夠存放時，則在露天空地利用回收帆布遮蓋。地方雖小，五臟俱全，嘉義輔具執行窗口陳明周並邀請翁麗謙承擔清消組負責人。

成立之初，欠缺人手幫忙，翁麗謙獨自清洗，急於完成清洗工作。即使日正當中，

志工翁麗謙（左）以水管清洗床架。（攝影／王翠雲）

她也不休息，大太陽底下一直洗，有好幾次都差點中暑，累得回到家也吃不下飯。

但一個人的力量有限，必須多找些幫手，於是翁麗謙積極邀約社區志工。她平日登山時，總會和山友聊慈濟，相約爬山後走進環保站，就連她的親家母也被邀來加入清洗團隊。努力終會有成果，如今只要翁麗謙在群組邀約清洗輔具，都會有人同來協助。

嘉義市衛生局祕書林秀猜是翁麗謙的山友，她笑笑說：「每次與麗謙見面，話題都是聚焦在輔具；若她缺席活動，就是去洗輔具了。」還有一回有急需病床的個案，翁麗謙打電話過來商量：「明天我們不要去爬山，一起來洗輔具好嗎？」

清洗輔具的工夫細膩，林秀猜指出，「清洗絲毫不輕鬆，是一關一關，包括消毒、清洗、曝曬……很多細節，不是用水沖一沖就好。人家送來的輔具，可能使用多年，堆了很多灰塵，得先用清潔劑、消毒水、酵素、漂白水刷洗，甚至動用小牙刷刷洗邊邊角角，還有輪子等處都要刷洗乾淨。」

曾經，林秀猜的公公生病時，需用到輔具，因此她了解輔具對於病患的急迫性，也可減輕照顧家屬的負擔。在付出中，她逐漸體會到翁麗謙為何對輔具清洗工作甘之如飴，「服務別人，其實你是會獲得快樂的，尤其看到人家因此變得更健康，就會覺得很值得。我可以感受到那種歡喜，也期許自己退休後作專職志工。」

便盆椅的內層卡上厚厚的黃色尿垢，自保險業高階主管退休的吳桂英先用清水浸濕，再倒入清潔劑，用菜瓜布使勁地刷；待顏色淡了些，再用鐵刷清除剩餘汙垢；洗完正面，翻轉背面，發現又是厚厚一層汙垢，再接再厲繼續用力：「就是要把它洗到煥然一新，把最好的

翁麗謙（右）邀親家母（左）同來清洗輔具。（攝影／王翠雲）

給人家用。」

滴滴汗水從臉頰滑落，吳桂英仔細檢查便盆椅各角落，看還有哪處未清洗乾淨，最後終於滿意地拿去晾乾，「雖然它曾是盛裝某人的排泄物，現在清洗乾淨了，可以再提供給下一個需要的有緣人使用，讓它繼續發揮功能。」

原本翁麗謙都只用清潔劑加水清洗輔具，但吳桂英總覺得不夠乾淨，於是她特地跑到新北三峽、南投草屯等地去觀摩別人是如何清洗，回來自己再設計了一套清消SOP。

這套清消的SOP，包括：將收回的輔具先清洗，再用環保酵素加上漂白水調和清潔劑，並善用小工具清潔病床各角落隱藏的汙垢；電動床的電子零件、馬達、遙控器以擦拭消毒，

林秀猜說，清洗絲毫不輕鬆，一關又一關，包括消毒、清洗、曝曬……（攝影／王翠雲）

再用塑膠袋封好避免進水，病床側立清洗正、背面，利用大太陽的熱度把床曬一曬……

如此的講究與貼心，只希望再使用到它的人能夠更加安心、歡喜。

在付出中看到自己的福

輔具送出門前，他們會再用微濕毛巾擦拭一遍，再次檢視零件是否有問題，確保輔具正常運作。

有位七十一歲的獨居老人，中風、健康狀況不佳，由慈濟長照居服員代為申請便盆椅及輪椅等輔具。當輔具送達時，翁麗謙發現老人無力地倒在沙發上，整間房子瀰漫著尿騷味；她心中不忍，於是幫老人清洗身體、修剪頭

自保險業高階主管退休的吳桂英，正用力刷洗滿是汙垢的便盆椅。（攝影／王翠雲）

髮、剃除鬍鬚，外表乾淨整潔的老人，即刻恢復神清氣爽。

「同樣是獨居的老人，但我可以發揮生命價值，服務他人。」經常跟隨輔具團隊外出送輔具，翁麗謙心有感觸，輔具使用者大多罹患多重疾病，身體衰弱無力，凡事需仰賴他人協助；當輔具送達時，常見使用者身體裸露，交談下只聽到家屬連聲抱怨，覺得自己歹運。

這位長者的家屬後來多次要求更換氣墊床，團隊回收回來的氣墊床屎尿味濃重，清洗後檢查並無故障；後來，他們才了解，因為使用者家屬不情願照顧，任憑使用者自生自滅。

看到申請者家屬的煎熬，她反觀自己，「如果今天躺在那裡的是我先生，我會不會像她們一樣由愛生恨？很難說……無常什麼時候會考驗你，沒人知道。或許先生以這樣的方式離去，原來是對我的疼惜，不捨我為他把屎把尿。」看到人生的苦相，照護者亦承受苦不堪言的折磨，翁麗謙深刻感受自己是有福之人，她逐漸放下對先生的思念，轉化為祝福。

「當一個人身體不能自主時，我們給他便利，他是多麼地快樂？這不只救了一

翁麗謙在群組邀約大家清洗輔具，志工都會撥空來支援，人多好做事。（攝影／王翠雲）

個人，也是救了一個家。」雖是環保輔具，卻能帶給病人希望與溫暖，還得到家屬的感激，翁麗謙覺得很值得。她專心投入清洗輔具，雙手不停歇，現在身體不再抽筋，手指也靈活；因為需清洗的輔具很多，每日忙碌不懈怠的她，夜晚疲累很好睡。

接受輔具的鄉親家屬們，都反應平臺服務好又快速，甚至有人包紅包表達謝意，但志工表示送輔具是完全免費，並邀請有心人也可以一起來參與。證嚴上人說：「病苦的人走不出來，有福的人走進去。」是志工堅定的力量，踏進痛苦的家庭傳送福氣。

接引青年人　傳遞愛的力量

遊覽車緩緩駛進慈濟新北市三峽園區，四周種植各式各樣的花草樹木，儼然是生態植物園。一群青年學子們步行來到輔具修繕的廠區，一進來就看到擺放等待修理、清潔的輪椅、便盆椅、電動床……

「面對高齡化的社會，老人家或病人因為生病或退化需要輔具，卻不是每一個家庭都有能力購買輔具；慈濟所提供的輔具，可以幫助經濟不充裕的家庭，讓病人或老人家有安全的輔具可使用。」輔具窗口鄭文進向眾人解說。

輔具廠區分成輪椅、便盆椅、電動床、製氧機、抽痰機五個區塊。像是在輪椅區，要先將輪軸螺絲打開後，將輪胎拆開，並用鋼刷清除沾黏的輪胎皮，套上新的輪胎皮，再用鐵鎚輕輕敲打，使輪胎鑲進鋼圈裡。

輔具志工逐一介紹各區，青年學員們在志工的教導下學習清洗各種輔具；清洗時不慎被水噴濕，還相互打趣說：「你當今天是潑水節喔！」經過一番努力，同學們將輔具一一清洗乾淨，上油保養。

鄭文進繼續說：「感謝大家辛苦的付出，接下來我們要將輔具送到一位臥床的奶奶家中。我們把電動床、輪椅、行走輔助器用酒精再擦拭一遍，每一個支架或配件都要用繩子捆牢。」

當所有輔具送到奶奶家時，同學們費了九牛二虎之力，才搬到奶奶的房間裡；臥床的老奶奶看到一群有愛心的年輕人送來輪椅等輔具，開心地笑了。同學們看到奶奶的笑容，也瞬時忘了清洗及搬運的辛苦，「祝您健康快樂！長命百歲！身體健康！」同學們真誠送上祝福，老奶奶笑得好開心。

學員江楊皓看到那些電動床上面的髒汙，經過擦拭，立即煥然一新。「修繕可以變得完好，循環再利用，提供給需要的人，是很好的事情。」他期許自己能繼續作志工。

學員們體驗清潔保養輔具的辛苦，也看到接受輔具病人的笑容，親自參與資源再利用的慈善循環，這就是淨化人心。讓大家歡喜，讓大家共同出力做好事，接引人人來成就人間的大志業，相信這分美善的種子已經萌芽，在學子們的心中。

維修環保輔具 也讓自己獲得重生

好幾個人團團圍住一臺輪椅，究竟在做什麼？以輪椅來說，最大的問題大多是輪子故障，對不知道如何處置的人，真的會想花錢去修輪椅嗎？即使有心想修理，應該也不知道要送到哪邊去修理吧？

慈濟屏東分會在二〇二二年七月舉辦環保輔具維修研習，這是一場屏東區輔具團隊的定期共修，透過交流讓來學習輔具維修的志工，以後回歸到社區就可以進行修理作業。

拿起工具學維修，或許大家以為這是男生才會做的事，但在這裡可不是這樣的，娘子軍、小娃兒，個個都想來貢獻一分心力付出愛。學員更以站在輔具使用者的立場來考量，讓這分專業技能不僅是做到物命延續，也減輕了清寒病患的經濟負擔。

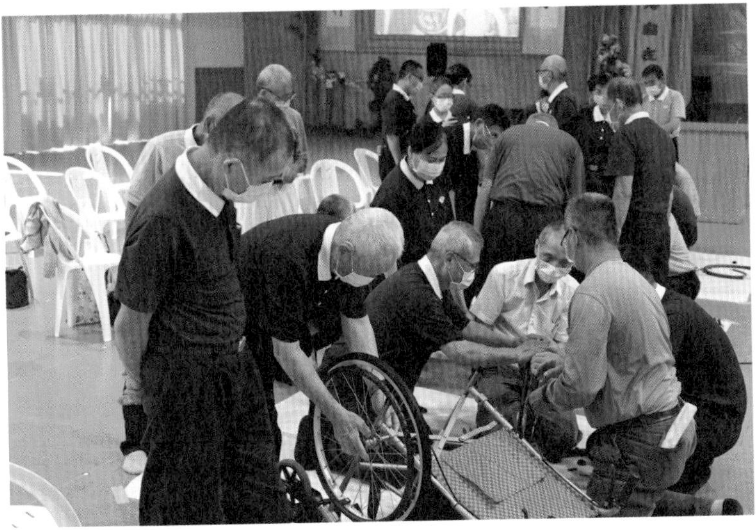

屏東分會舉辦環保輔具維修研習，讓來學習輔具維修的志工，以後回歸社區，看到輪椅壞掉就可動手修理了。（攝影／吳士鐘）

培訓維修輔具種子
小細節裡藏大學問

生命的存續，有時就在呼吸的瞬間；志工同理輔具申請者的焦慮，總是盡力讓患者返家後能安心休養。而平常只要有機構或民眾汰換下來的二手輔具，志工一接到通知，也會趕緊載回維修整理，希望能延續物命，並且幫助到有需要的家庭。

今日的研習內容，主要是針對輔具的使用性及基本檢測所舉辦，目的是在讓輔具在送到申請者家中做居家照護時，能發揮最大的效能與便利性。

講師邊示範邊說明：「現在要來示

範拆輪子……」不時還殷殷提醒著：「師兄，你這樣敲，兩邊就植入了嗎？」只見二位師姊幫忙扶住輪椅兩端，一位師兄正拿著鐵鎚「叩！叩！叩！」地敲打，橡膠皮就順利地滑進輪椅的溝槽。

在慈濟流傳著一句話：「男人當超人用，女人當男人用。」研習會上，同樣是女性比男性多，還真應驗了這句話。當然，輔具維修的每個小細節都要透過實作摸索與技巧熟稔，才能提升它使用運作的功能性與持久性。

顏佐龍雖沒有維修專長，卻臨危受命承擔維修窗口。他說：「大家都是從頭學習起，即使有的人只有電子遙控器的專業與經驗，或是僅有其他輪椅的維修常識，只要是對機械有點

輔具器材並非全是完好無缺，有一些缺了零件，或者輕微的損壞，透過維修可以再續物命。但這要靠經驗的傳授，才能物盡其用。（攝影／吳士鐘）

現在屏東維修團隊有七人，林裕鉦（右三）趁工作空檔也來學習。他說團隊都是互相研討，實際去做後而累積經驗。（攝影／吳士鐘）

常識，他們就受邀一起在每週三上午共同學習與經驗交流，慢慢地大家都能具備維修的技術了。」

包括顏佐龍在內，屏東維修團隊共有七人，但只有曾是核三廠工程師的邱廷緯能勝任馬達及電子遙控線的維修，其他人幾乎都是外行。但透過互相研討與經驗傳承，實際去做後累積經驗，他們秉持善用環保物資與愛護地球的心，讓每一件輔具蘊含著無盡的愛與祝福，也讓這些差點成為「廢棄物」的輔具，在志工巧手與用心的整理與維修下，重獲新生。

捨牌桌奢靡生活 將自己回收到環保站

輔具能化廢為用，甚至重獲新生；如同在天然災難奪取生命財產的當下，卻也能激發人重新找回生命的意義與價值。

一九九九年九月二十一日凌晨，南投縣集集鎮發生芮氏規模七點三大地震，長達一百零二秒的強烈搖晃下，臺中、南投、雲林等縣市發生路裂、橋斷、屋毀、人員傷亡等重大災難，黑暗中充滿人們的悲吟與哀慟。當時，電視新聞也二十四小時不間斷地播報各地災情。

漆黑暗夜裡呼天搶地、驚心動魄的時分，這時的顏佐龍卻眼佈血絲地坐在牌桌前徹夜打麻將。他回憶道：「還沒進來慈濟的時候，打麻將是我非常喜歡的消遣。我永遠記得九二一大地震發生的時刻是一點四十七分，因為那時候我正在認真打麻將。」

從中學時就喜歡念佛的他，讀專科學校時更常跑寺院，也常到屏東市東山寺，跟著寺院師父誦經念佛，與佛有緣。當下電視上寫實的「世間無常，國土危脆」驚駭畫面，攝受於心；也因為看到慈濟藍天白雲（指慈濟志工常穿著的藍上衣與白褲子制服）積極參與災區的救援與重建的身影，讓他對生命有了不同的體悟。

當時三十歲的他不禁反思：「我的人生難道就要這樣浪費掉了嗎？」於是他加入慈濟，學做環保，戒掉生活奢靡的習慣，還投入當了輔具志工，成為年輕的生力軍。

二〇二三年五十二歲的顏佐龍，在保險公司的理賠部門工作十四年，他發覺人心是貪婪的，要求理賠都超乎想像，深刻感受人的欲望就像一只破桶，永遠無法填滿。一旦看透欲望的本質，就能了悟，人的一生夠用就好；顏佐龍想到證嚴上人常開示的「萬般帶不去，唯有業隨身」，所以他決定提早在五年前退休。

顏佐龍說：「我做慈濟，藉由無私地付出

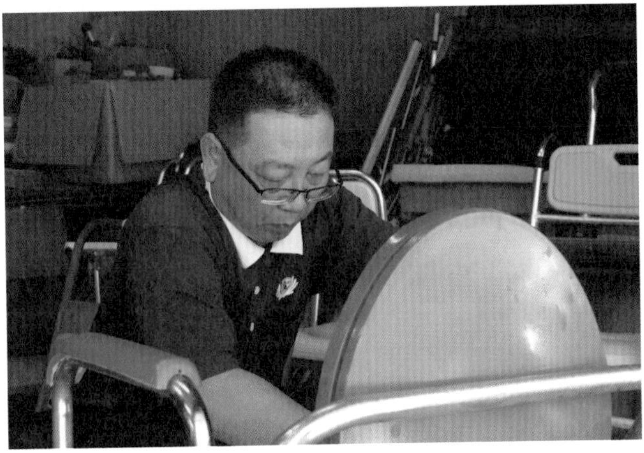

顏佐龍加入慈濟學做環保後，戒掉生活奢華的習慣，除了環保，還投入輔具志工，成了年輕的生力軍。（攝影／戴敦仁）

分散自己的注意力，我覺得是一種紓壓。進到慈濟之後走入人群，不但可以廣結善緣，更可以接觸到什麼叫作苦難的眾生，更經由送輔具到家，看見許多正在受苦的眾生。」

專業投入更給力 教學相長勤精進

即使輪椅維修對曾任工程師的邱廷緯來說沒有難度，但每週三半天的輔具維修日，他都會無私地前來教學相長；至於做不完的輔具，他會帶回家趁晚上維修，有時甚至忙到十點多。他說：「我會投入輔具修繕，是因為看到維修負責人顏佐龍的用心投入，真的令人敬佩。」

小時候，因為父親修理腳踏車，哥哥修理摩托車，邱廷緯在幫忙的過程中擁有了基本的維修技術。國、高中時代，他進入相關職業學校就讀，又到高雄工專進修，取得機械原理及電工、電子學原理專業執照後，更考進台灣電力公司上班。

邱廷緯說：「我有乙級的技術士執照，還有甲等的電匠執照，在台電是在技術深入的氣動、機械部門服務。因為有電子跟電工的相關專業，所以這方面的技術都駕輕就熟了，沒有什麼困難。」

修繕輔具病床時，邱廷緯說，最常碰到的問題是遙控器壞掉，阻抗太大，就會接觸不良，馬達容易故障。就如河流積沙太多，水流不過水路就沒力量，同樣地，馬達的電流不順，便不會啟動。

「其實，修繕輔具最困難的問題就是沒有零件，因為病床廠牌有很多，設計都不一樣，不過大同小異；缺零件時，就要有技術改零件為相容。以馬達來說，都是直流低電壓，最低有到十八伏特DC，大部分是二十四伏特，也有三十六伏特的；病床都是類比式電路，靠的是電子零件的控制，就比較單純。」邱廷緯強調，只要具備電工學或電子學的基礎，病床就很好修理。

除了去了解各廠牌的零件差異，想辦法作修改，邱廷緯也把各式線路圖作成筆記，準備日後將這些線路圖製作簡報存檔，讓大家在做輔具病床修繕時能更加順手，進而能幫助更多需要輔具的人。

邱廷緯又說道：「就像上人說的，只要用心就是專業。維修團隊很用心，以用心來彌補專業的不足。還有八十幾歲的年長志工也都投入於行列中，真的很敬佩大家有這樣的精神。」

菩薩道身體力行 不是用嘴巴說的

從送輔具的過程中，顏佐龍眼見許多案家因病而拖垮經濟，畢竟購置一張病床要二萬至三萬元，電動床十幾萬元的也有，新的輪椅也要五千元以上；且到不用時，閒放著也造成浪費。

環保輔具平臺成立後，有需求的會眾就不用再花這些錢，尤其是針對弱勢家庭或經濟上有困難者，平臺就能提供服務，讓有需求者能安心不起煩惱；到不用時還能回收，經過整理與清潔、消毒，就能再延續物命。

運送過程遇到最大的困難，是搬運輔具，

來自機械維修世家，每週三半天的輔具維修日，邱廷緯都會無私前來教學相長；做不完的輔具，他也會帶回家做。（攝影／戴敦仁）

「因為病床很重，至少要兩位男眾合力搬；也有遇緊急申請時，因案主即將出院，希望輔具能緊急送到案家。像這樣的個案，我也會請案家幫忙跟志工一起來搬病床，當案家看到志工無所求地付出，通常都會來協助。」

顏佐龍也因搬運施力，常常傷到腰，最近還在針灸。「可能是自己不小心，因為有些病床真的是比較重。幸好一回生、二回熟，有時志工也會找來麻繩，把病床方方正正地綁好，再用吊車高高吊起，再放進環保車。」

由於人口老化與疫情後大環境經濟欠佳，社會上需要輔具的人口愈多。既然人們有此需求，如同顏佐龍所抱持的信念——「難行能行」，無論服務上有再多窒礙困難，設法克服就是了。

所謂「菩薩」的使命就是度眾生，拔除眾生的苦難；行菩薩道不是用嘴巴說說就好，而是要身體力行，讓人家看到之後，會不自覺地從內心升起一分敬與愛。

顏佐龍、邱廷緯以一分發自內心虔誠的使命感，自覺有福能承擔與帶領屏東輔具團隊，身體力行「菩薩道」；團隊們也結合專業，不辱使命勤精進。期許他們能發揮生命良能，幫助更多有需要的人群。

第四章
用錢買不到的貼心

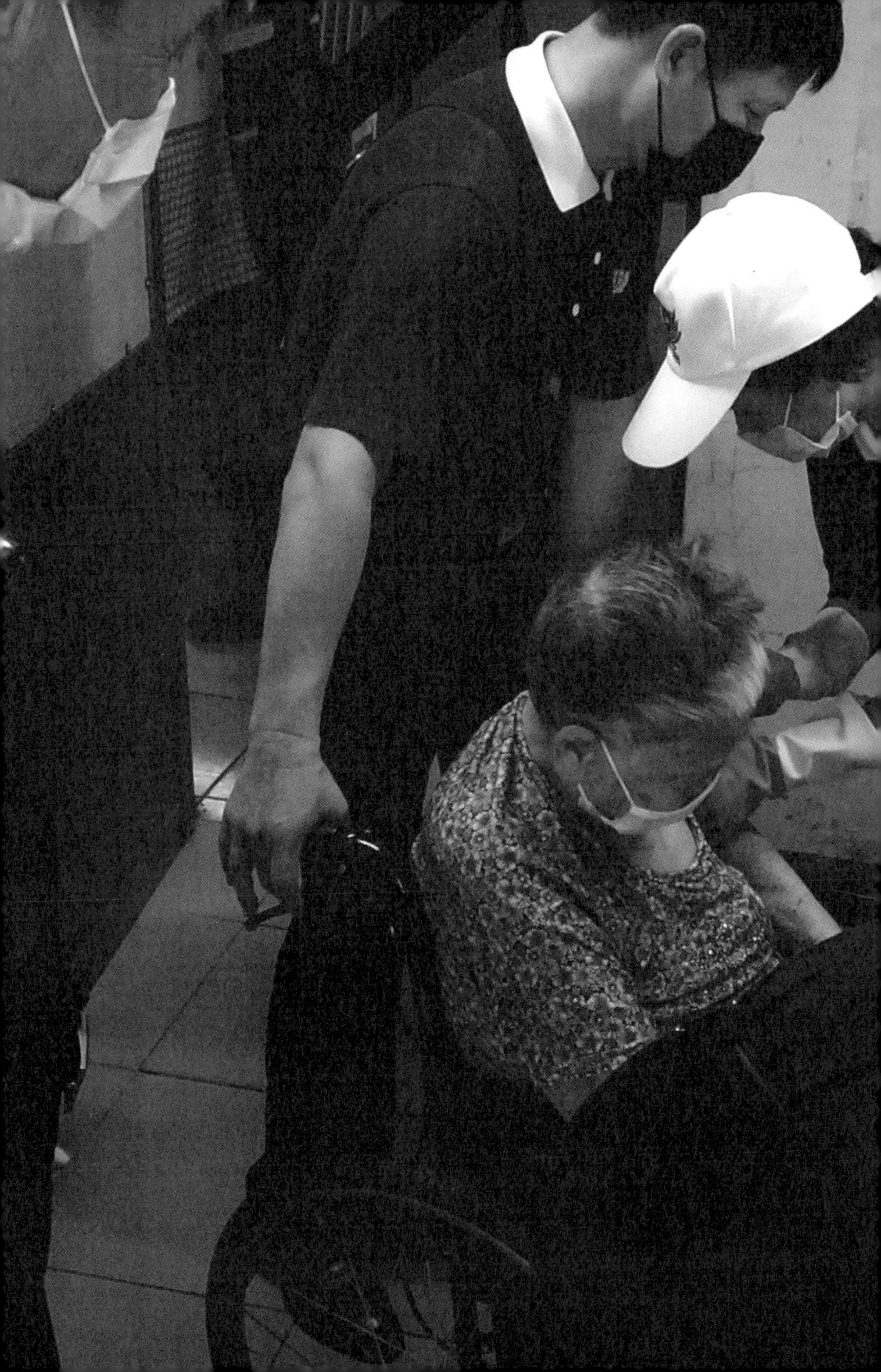

輔具媽的助人心路

說到新北市的三重環保輔具團隊，源起於當時志工楊文豪的哥哥需要輔具，有三重區的志工送到他家，楊文豪感動之餘，決定號召多位志工愛心共善；透過團隊運作，讓二手輔具重獲新生，提供給有需要的人，幫助他們減輕家庭經濟負擔。

潘素真則是自二〇二一年十二月加入三重環保輔具團隊運作，憑著助人的熱忱與堅毅不拔的精神，從完全不會用電腦，學習到會用無紙化記錄個案。從各種個案中，她發現苦難的人就在身邊，只要伸出援手，便能及時給予溫暖；知道志工運送輔具辛勞，她更向證嚴上人承諾，一定努力照顧好輔具運作組的志工們。

助人 從學基本功開始

「素真師姊，妳來作我們的輔具祕書好嗎？」對於志工汪瓘諭的邀約，潘素真一臉茫然地問道：「祕書是要做什麼呀？」汪瓘諭說：「沒什麼啦！就接接電話，開一下會。」聽畢，個性大喇喇且擁有滿腔助人熱忱的潘素真，不假思索地就答應了。

不料加入團隊開始作業後，潘素真很是納悶，「這哪是接電話？根本就是打電話吧！」跟她原本心裡的預期有著偌大的落差。接著，她發現自己還要做文書記錄，然而她對電腦一竅不通。潘素真只好告訴自己：「有心就不難，既然要做，一定要一一去突破。」

從慈濟環保輔具LINE系統進入，查詢分案、察看輔具申請及察看回收服務。在資深志工一遍再一遍地指導後，潘素真卯足全力反覆地操作，由先前的不熟練，到後面慢慢地就熟悉上手了。為了寫個案，潘素真還向基隆志工李慧雯請益，獲得實例的指導，令她感激萬分。

因為母親太過投入，潘素真的女兒不禁抱怨道：「媽媽，妳很吵耶！我們要睡覺，就聽妳一直唸『案家』；早上起床睜開眼睛，又聽到妳說『案家』。妳都不會累嗎？」因為潘素真不會用電腦打字，只好用語音輸入，從頭到尾用唸的，還要挑出錯字再修改，因此總要花費比其他人多好幾倍的時間，才能順利完成個案紀錄。雖然如此麻煩，她甘之如飴。

女兒看在眼裡，潘素真是愈做愈投入，眉角也愈來愈上揚了，不由地對她說：「媽媽，這二十年來，沒有看過妳做慈濟，做得這麼歡喜。」

給苦難人大愛　趨人之急

她在手機上的LINE平臺設一個獨立群組，每天早上一睜開眼睛，就開始留意查看「慈濟環保輔具平臺」LINE訊息，把需要聯絡的案件移進獨立群組裡。早上八點半過後開始打電話聯絡申請者。因考慮到對方要上班，有時聯繫

回收的輔具消毒後，潘素真拿起菜瓜布將泡過清潔劑的床板仔細刷洗，要將大愛傳遞給下一個使用者。（攝影／潘吉忠）

到晚上九點半才停止。

潘素真語氣溫婉地開口：「阿彌陀佛，您好！我是慈濟志工，請問……」接電話的案家長者說：「蛤！我不認識慈濟……」經過潘素真一番解說，案家長者回答：「我們有需要醫療床，但不知道是跟慈濟申請……」潘素真繼續以誠摯的語氣解說：「我們會盡快為您服務，這段時間讓您辛苦了。」放下電話後，潘素真內心卻有諸多疑點，決定要進一步做家訪。

透過家訪，潘素真發現案家經濟條件不好，三十坪不到的租賃房，卻住了大大小小近十人。送醫療床過去時，她也帶上了案家適用的尿布。當案家接過尿布時，緊緊握住潘素真的手，紅著眼眶激動地說：「連這麼細微的地方你們都想到了。」這句話頓時讓潘素真很揪心，感悟：「其實苦難的人就在我們的身邊，只要我們伸出援手，就能及時給予他們溫暖。」

有時申請者需求急切：「拜託啦！我很急著需要，可以馬上去拿嗎？」即使下午六點才接到的申請，案家說下班後七點半要來拿，潘素真還是會盡量滿足他們的需求，放下手邊的家務趕到三重志業園區，把便盆椅準備好，等待申請者來領取。

潘素真表示，像是輪椅、便盆椅、助行器等小型輔具，申請者若可自行來領取，她會盡量配合時間，讓案主可以提早減輕不適。她希望申請者能來自取，因為這樣可以讓更多人走進慈濟三重志業園區，如此在與申請者面對面的互動中，可藉機會介紹慈濟，讓更多人了解慈濟大愛。

思念逝者　不如珍惜相聚時光

歲月流轉，也催促著潘素真加快腳步，把握這稍縱即逝可以利他的因緣。有時，上個月才送去的醫療床，這個月便申請去收回，世事無常，只能看開。

有一次，當輔具運送車開入巷內停妥，大家下車後不自覺地相互觀望，彼此露出疑惑的眼神，「我們走錯巷子了嗎？」樓上卡拉OK歡唱的歌聲飄送到眾人耳際，潘素真心裡生出無數個問號，因為他們家老菩薩的告別式一週前才剛舉辦……

按了門鈴進入屋內，收妥輔具後，一行人雙手合十：「感恩案家也把自購輔具捐出，讓善循環，將大愛傳下去，祝福平安吉祥。」

離開案家回程的路上，潘素真反覆思索著「放下」的意涵：「或許，活著的

收回醫療床後，一行人雙手合十：「感恩案家也捐出自購輔具，讓善循環，大愛傳下去，祝福平安吉祥。」（攝影／潘吉忠）

人要盡快回復如常的生活，不要因為『情』悲傷走不出來；用祝福代替思念，才是正確的。」也更加領悟，做人要把握活著的當下，珍惜能相聚的時光。

還有一次是在初春時，有位案家年約四十歲，個子小小的，個性靦腆。潘素真得知他和已傷病十八年的哥哥相依為命，他表示從小兄弟感情很好，他捨不得把哥哥送到安養機構。

只見案家用一副求助的眼神望著潘素真：「我哥哥比較胖，使用便盆椅旁邊的扶手會有點障礙，若能改裝，他會方便很多。」潘素真回應他溫暖的眼神，令他感激得眼眶泛紅。而案家手足間的深厚情誼，也讓潘素真感動，久久難以忘懷。

用媽媽的愛　箍緊大家的心

二〇二二年歲末祝福時，潘素真向證嚴上人發願承諾：「幫上人把輔具運作組的護法金剛照顧好，不讓師兄們餓肚子。」三重輔具團隊工作人數不多，因此潘素真會跟著團隊送輔具到案家；除了要穿制服，為了安全，她要求人人要戴安全帽及護腰才能上路，同時她也希望每個人加買意外保險，來增加保障。

當團隊到案家安裝醫療床時，潘素真則膚慰案家話家常，藉此更了解案家狀況。醫療床安裝好，並教會案家操作順利後，完成簽收。

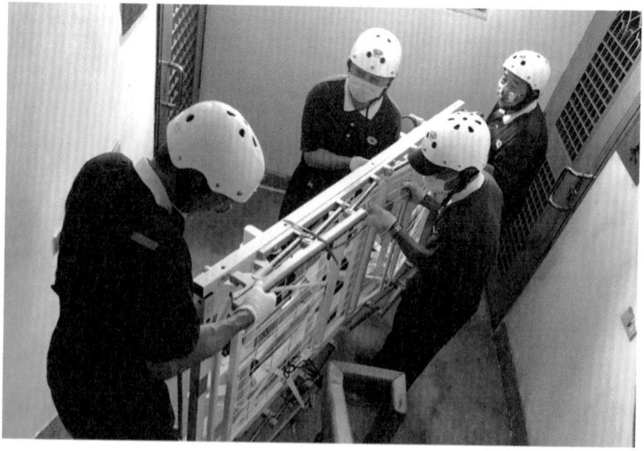

志工卯足全力，踩穩腳步，一階一階往上，在樓梯轉角處，互相提醒要更加小心翼翼。（攝影／潘素真）

這時大家會一起雙手合掌說道：「祝福案主早日身體健康，闔家平安吉祥，有因緣時來參加慈濟活動，一起做志工來幫助人。」

從出車送到案家，回程收輔具，通常出去一趟不只一個點；一趟車程下來經常超過四個小時，回來還要清潔消毒，有時甚至工作到晚上七八點。

潘素真說：「經營麵包店的林宗吉，會帶麵包給我們吃，但我還是常會感到飢腸轆轆。」她想到，出力搬運的志工一定也是忍著饑餓在工作。從此她啟動媽媽的愛心，準備當季水果，冬天煮薑茶、杏仁茶等讓大家暖胃；夏天泡檸檬茶、仙草蜜……沖上常溫開水喝才不傷身，讓志工出車前都能預先補充體力。

當輔具車回到園區後，志工們還在消毒清潔載回的輔具時，潘素真則快手快腳地把爐火打開，將事先洗好的青菜川燙拌醬。接著熱開水下麵條，撈起煮熟的麵條，拌上老薑的薑油，再從冰箱端出事先作好的小菜。等到志工們清消輔具後，大家圍坐享用充滿愛心的晚餐，瞬間溫暖了每個疲憊的身心。

潘素真堪稱變化料理的高手，有時會用醬油醋麵，偶爾利用香積麵的調味包，或者讓大家品嘗臭豆腐；寬麵條、細麵、中寬麵，麵條跟小菜一樣隨時有變化。

輔具團隊收送完，潘素真會準備餐點，利用時間聚會，檢討今天所遇到的問題；大家也會提出各種解決方案，凝聚力量一起成長。（攝影／潘吉忠）

在用餐中，潘素真還會不時地觀察及提醒：「這個你不吃嗎？吃太少了，再吃一點！」「這個大家一人再夾一點，把它吃完。」如母親般的叮嚀，令志工黃清芳很是感動：「媽媽往生十幾年了，當下感覺我媽媽好像又回來了。」而潘素真的「私心」，則是期待有更多人來加入環保輔具團隊，畢竟人多好做事。

潘素真感恩說道：「我在煮麵時用過的鍋碗瓢盆，有空的人就會開始收拾整理；比較快吃飽的人，也會幫忙收拾善後。」大家平日相處如同家人，更能合心共同來承擔幫助人的好事。

志工潘吉忠曾提議：「大家來繳年費，不能讓師姊一人負擔餐費。」但潘素真回應：「這是我個人歡喜甘願承擔的，重點是我做得很法喜。只要大家來做輔具，這點心我來供應。」因為跟著大家出班的她，最能了解箇中的辛苦。

餘命很貴　作個有尊嚴的老人

人生無法重來，剩下的日子，過一天就少一天。是日已過，珍惜「餘命」價更高。

體悟「餘命很貴」，潘素真分享了一個個案，過年前的時段，醫療床欠缺不夠用；等到年後她再跟案家聯繫時，案家告訴她，案主已在沙發上走了。「當下很難過，不知道要如何跟案家對話，因為沒有床，就是沒辦法啊！生活就是有許多的無奈，所以我要更努力打拚。天下沒有憑空而降的福氣，我要勇敢承擔。」潘素真深自期許。

潘素真說，自己年輕時有三個願望，第一個願望是存五百萬，第二個願望是四十歲退休，第三個願望則是做個有尊嚴的老人。第一個願望在她三十歲時完成了；第二個願望因先生往生，她被迫放棄成衣生意，提前退休照顧兒女公婆；之後加入慈濟，開啟了她第三個願望的大門。

為此願望，潘素真持續精進，學習行程滿檔——去茶書院上課，參加「法華心香讀書會」、高明智老師的「探索」課程、培訓隊輔、當志玄文教中心的教育志工……積極汲取慧命資糧。因為她深知心中有法，遇到人事難題才有辦法圓融。

潘素真感恩加入慈濟，有這麼多功能組可以任她學習、發揮，人生變得更加寬廣。她發願：「來世再來跟著上人做慈濟，與眾生結好緣，能利益眾生，完全無所求。」

回收醫療床及輔具後，雖然已是滿天星空，潘素真（右）與團隊依然賣力清洗，要做到今日事、今日畢。（攝影／潘吉忠）

老組長送輔具 再見昔日老友

「師姊啊！我來也，足久、足久沒看到妳了，唉唷！妳是安怎耶變嘎安ㄋㄟ啦？（臺語發音，意即：妳怎麼會變成這樣呢？）」

當鄭武南等一行人驅車來到高雄旗津，專程送來電動床，看到躺在自家客廳長椅，蜷曲著身體、體材瘦弱、銀髮蒼蒼、面容憔悴的資深委員夏秀鳳時，鄭武南眉頭深鎖，面露不捨之情問候著。四目相對頃刻，她激動地哭了起來。

「老組長」鄭武南（早期高雄慈濟第五組組員對他的暱稱）輕輕拍著她的肩膀安撫說著：「好啦！好啦！咱心情要放乎開，人才會輕鬆喔！」

「妳擱ㄟ記得我是誰嘸？（臺語）」鄭武南問著，夏秀鳳頭腦清楚但虛弱地回應著：「你是阮ㄟ老組長鄭師兄啊（臺語）！」在慈濟結識超過三十年，時隔十多年的法親家人於此時久別重逢，此情此景，令人百感交集啊……

一個群組訊息 串起舊因緣

二〇二二年四月十二日這一天，高雄左營鄭武南於環保輔具平臺專案團隊的LINE網路群組裡，看到慈濟高雄分會職工張明珠貼出需求者訊息。

「一位住在旗津，名叫夏秀鳳的八十多歲老奶奶，需要電動床、氣墊床、單手拐杖……」記憶之網在他的腦海裡串連，想起這個曾經熟悉的名字，懷疑是否就是同組的組員呢？

為解除心中的疑竇，鄭武南趕緊電話詢問張明珠，有關這位案主的住址及家人的姓名、連絡電話等資料，再循線打電話給當事人的兒子袁先生，終於證實，這位夏女士是當初自己

鄭武南問夏秀鳳：「我是誰？妳甘擱耶認得？」她說：「你是阮ㄟ老組長。」（攝影／黃靜梅）

一九八八年到一九九七年這九年間擔任慈濟第五組的組長時，同組的資深委員夏秀鳳無誤。

於是，鄭武南向她的兒子袁先生允諾，會親手將他母親所需求的環保輔具送達到府，他說：「這分誠意，是我身為組長應當要做的！」

鄭武南接著又聯絡負責南高雄轄區的輔具負責人許建雄。他說：「我請許師兄讓我跨區關懷此案，共同攜手協力來完成任務，能為多年交情的老組員服務，我覺得這是責任，也是一分關懷『法親』的心。」

向來溫暖熱忱的鄭武南訴說承接此案的因緣，言談中眼眶泛紅，用手快速地撥去兩行淚水娓娓道來，小小的不經意動作，讓人感受到

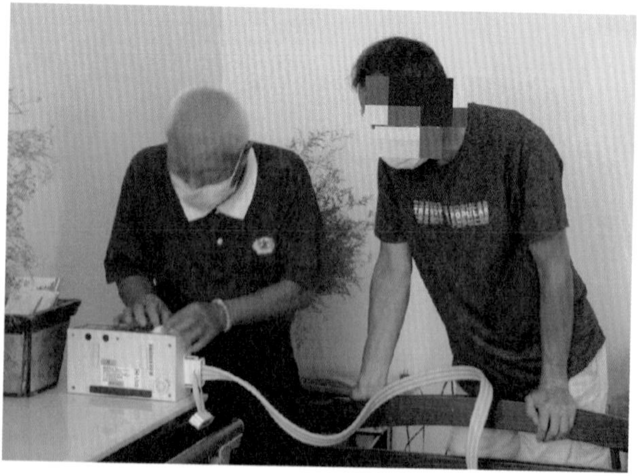

電動床安裝完成後，鄭武南將電動床及氣墊床操作的方法，耐心地教導夏秀鳳的兒子袁先生；經過檢查測試，確保沒問題才簽收。（攝影／黃靜梅）

他鐵漢柔情的一面。

出發前，鄭武南與太太林秀蘭仔細地消毒與清潔電動床，並且確認使用功能完好，讓冰冷的器具不僅煥然一新，更增添了暖心的溫度。左營區何文博特地趕在下午四點上班前抽空來支援，協助搬送物資，前往旗津案家，真是「分秒不空過」的最佳寫照。

用來載運電動床的客貨兩用車，雖然是鄭武南口中的「老爺車」，前前後後已經載運了多部電動床，長度剛剛好，不管是載運物資或是載人，都是「載卡多」，可是他做慈濟的利器呢！

直送到府 啟動善效應

鄭武南（右）與太太林秀蘭一同，並邀約何文博（中）來支援協助搬運電動床，前往旗津案家。（攝影／黃靜梅）

半個多小時的車程，行經高速公路及過港隧道，終於在四月二十日下午兩點十五分來到位於高雄市西方近海的沙洲半島——旗津。案主夏師姊的兒子袁先生已在門口等候，加上來自前鎮的許建雄、蕭志堅兩位師兄前來會合，一共有四位男眾師兄加入搬運及關懷的行動。

走進屋內，看到久未謀面的組員夏秀鳳，她腳上包紮著紗布、包著紙尿褲、吊著尿袋，只見面容消瘦憔悴、蒼老許多，身體蜷曲地躺在客廳的長椅上，「老組長」鄭武南看到此景，不捨之情溢於言表。

夏秀鳳身體孱弱但神智清楚，她說：「你是阮ㄟ組長鄭師兄啊！你等一下要記得寫下電話給我喔！」

夏師姊還問起：「『阿全』人咧（指的是陳文全師兄）？」

鄭武南回答：「他、還有好多人都已經被菩薩接走了……」老友相見，話題圍繞在舊識，只是人事已非，令兩人不勝唏噓。

夏秀鳳的兒子袁先生感謝這一群年紀均已超過「花甲之年」的藍天白雲志工帶來及時雨，解決他的燃眉之急。

袁先生提到：「一年以前母親因為腳傷，一開始不願意去醫院就診，導致罹患蜂窩性組織炎，住院快一個月躺成褥瘡，又因排不出尿液而插導尿管；在家時她常常在半夜擅自行動，尿管偏移而出血，造成尿道重複性感染。她如果願意『聽話』一點，配合治療，我想，就不會多走這些冤枉路了。真希望您們之中有人能勸得了她……」言談中難掩無奈，感受他已身心交瘁，令人看了相當不捨。

因為袁先生仍在上班，他提及申請「居家照護」，每天會有照顧服務員來幫忙照顧媽媽幾小時，讓他的工作得以順利延續。因為媽媽的褥瘡傷口久久未癒，個案管理師建議他要申請氣墊床及電動床，透過二手輔具機構媒合，找到了慈濟，更因此讓媽媽找到了「老朋友」。種種的因緣際會，讓人直覺得不可思議。

再見老友 老組長百感交集

四位志工依照袁先生的指示，先將客廳的位置騰出，再從車上搬出電動床，小心翼翼地搬運及定位在一樓客廳的後側。安裝完畢之後，將電動床及氣墊床操作的方法耐心地教授袁先生，經過檢查測試，確保沒問題才簽收。

靠著四腳助行器，夏秀鳳可以慢慢地從沙發上起身走向電動床，從她裸露的雙腿看得出，兩腳極度地消瘦無肌肉。待她躺上電動床，鄭武南問著：「換了這張床，妳有感覺卡舒適否？」夏秀鳳頷首微笑，拱手作揖向大家表達謝意。

夏秀鳳更在鄭武南的引導下伸出大拇指比個「讚」，說出：「感恩！」兩字。眾人皆會心一笑，「老組長」鄭武南用紙筆寫下自己的電話交到夏師姊的手上，她緊緊地拿著紙張，專注地盯視著好一陣子。

鄭武南表示以後會再來探望她，一行人彼此互道再見，祝福夏師姊的生活品質能夠有所改善。

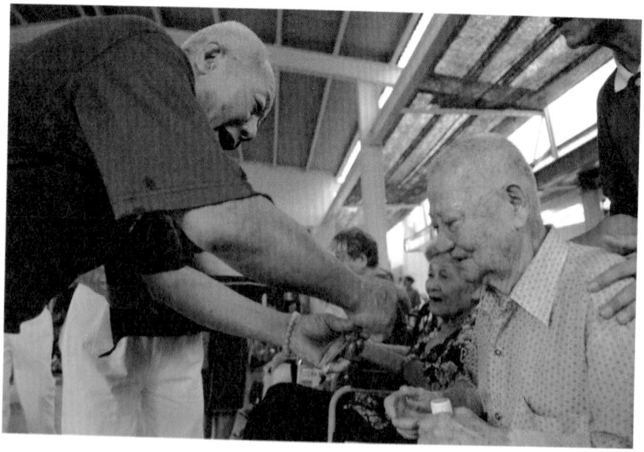

平時，鄭武南也會到老人養護中心關懷，送上平安吊飾與長者結緣。（攝影／周幸弘）

結束這次送輔具的關懷之行後，鄭武南的內心澎湃，久久不能平復。他說，看到相識三十多年的舊識，回想起她當時的健康、善良、熱心，再對比現在的老病衰弱，心中有許多感觸升起。

對於自己沒有關心到老組員，鄭武南心中感到虧欠、愧疚。他表示：「後續我仍會抽空去關懷，並會透過高雄分會連絡旗津當區師兄姊就近前往關懷，雙管齊下，盼能帶給案家一絲的溫暖。」

訪視結合輔具　安頓身與心

鄭武南提起他的輔具情緣，一切得從二〇二〇年十二月十八日說起。那一天，他接到花蓮慈濟醫院社會服務室副主任顏惠美的電話。鄭武南的委員號是二百九十八號，而顏惠美是二百四十八號，很接近；鄭武南從一九九六年開始做慈院志工，所以跟顏惠美很熟悉。

「話說，我接到顏惠美的一通電話，她提到弟弟顏煌彬來到高雄，要我跟他聯絡，而顏煌彬正是大北區『慈濟環保輔具平臺』志工窗口，這是我開始接觸與了解

慈濟基金會人生創客大專青年營南部梯，於二〇二三年七月底至高雄環保輔具平臺參觀，經鄭武南講解說明後，學員們投入各站體驗。（攝影／蔡銘豐）

環保輔具的起始。」鄭武南娓娓道起他與顏煌彬相識的過程，之後更串起與「高雄市政府社會局輔具資源中心」長期合作的默契。

在臺灣，政府除了補助身心障礙民眾與長照需求者購買輔具，也與民間機構合作，在各縣市設立「輔具資源中心」，提供諮詢、租用或免費借用等，服務項目則依各縣市而有所不同。

與公民營其它輔具租借中心最大的差別在於：不論申請者申請多少件、輔具原價昂貴與否，「慈濟環保輔具平臺」一律不收費，是最具優勢的亮點！

歸屬於高雄市政府公部門的「輔

具資源中心」，有次送東西到他家，該中心的小姐詢問，可否與「輔具資源中心」合作，透過他在慈濟的人脈或物力資源，協助幫忙回收輔具（例如：電動床、輪椅等），若有人需要，就幫忙送出去。

鄭武南得知，能夠依此延續物命並幫助弱勢家庭，也讓社區關懷增加另一個管道，如此助人的好事，他當下欣然同意，並且樂在其中。

「訪視」結合「輔具」，為長照家庭提供需要的關懷與協助，安頓了被照顧者的身，也安定照顧者的心，鄭武南並從法親關懷中，深切地體會到人生無常。

他感悟地說：「如同咱上人常常說的，『不知是明天先到，還是無常先到』，我們真的要把握當下，身體力行。『能做是福氣，袂做就廢氣，不做就了了去！（臺語）』，能做時，就要趕緊做，不然，時間真的是不等人，這是我最大的感觸與領悟。」

是真的耶！免費到府服務

「你們真的是免費的嗎？要不要收運費或者是運送工資？」電話中秀麗（化名）多次向志工施敬洲確認，得到肯定的答覆，才終於安心。

愛心免費送到府

二〇二三年五月十一日傍晚，彰化志工五個人相約在福興鄉外中村豌豆市場門口會合。志工施敬洲開著自家貨車，載著電動病床、一般輪椅、便盆椅，都是回收整理如新的環保輔具，經過消毒滅菌，賦予它們新生命，重新活化使用價值。

「好像開過頭了！」施敬洲下車查看門牌，確認要再往後倒車，終於到達今日的輔具運送地點。

「真是太感謝你們了！」秀麗（化名）歡喜恭敬感動地幫志工開門。施敬洲先進屋勘查場地，一樓靠近牆壁的位置，秀麗已清理出寬敞的空間，確認床頭的方向，也看到插頭。

回到車上，施敬洲和陳添財、施宣郁三人合力搬運電動病床，溫燕雪也跟著將便盆椅搬進屋裡。

「來試試看病床的遙控如何使用！」施敬洲邊說邊操作。

「這個我應該沒問題。」秀麗在醫院服務，對於這些輔具的使用都有概念。

「這張輪椅比較不一樣。」施宣郁示範著握住輪椅的把手，很像是腳踏車的手握剎車裝置，一握輪子就會卡住，上下輪椅才會安全；再握一次便會解開，就可以靈活推動輪椅了。

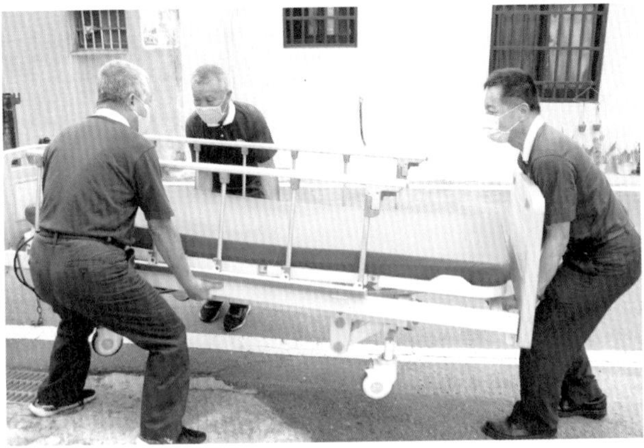

年過古稀的施宣郁（左一）、近七十歲的陳添財（中）及年過半百的施敬洲，雖歲數不小，仍合力搬運電動病床，精神令人敬佩。（攝影／梁綿彬）

「收起來是這樣嗎?」秀麗試試一般輪椅的收合方式,果然是一樣的。

驚喜的禮物

「哇!這個便盆椅好新哦!」秀麗內心感動。

施敬洲再次說明,這些都是環保回收的輔具,有可能使用者用的時間不長,不需要了,就捐出來。

「我媽也是短期使用。」秀麗說,媽媽和朋友出去玩,回程斜坡路學人家倒著走,結果跌倒了。媽媽已經住院兩週了,預計這幾天出院返家。

等媽媽傷勢好了,秀麗會再把這些輔具捐出去;她也知道,一樣可以在慈濟環保輔具平臺填單,請志工到府回收。

「我的主管告訴我,慈濟有個環保輔具平臺,是免費的,可以申請看看。」秀麗說她其實當初不抱太大希望,沒想到志工這麼快就跟她連絡,而且真的送來了。

「我可以請你們幫我把陪病床搬出來嗎?」趁現在志工可以幫忙,秀麗試著請求。

「當然可以。」慈濟志工果真是有求必應的菩薩。

為了方便照顧母親，秀麗花錢買了一張摺疊式單人床，真是孝順。

免費，為減輕需求者負擔

凡是接到申請者的資料，施敬洲會再一次和對方聯絡，確認地址，約定送達時間，也詳細了解使用者病況，再次評估申請的輔具項目，是否適用及足夠？

「之前她一直問我，真的是免費的嗎？要不要收運費？會不會收工資？」施敬洲說。

秀麗一開始好像不太相信，經過多次解釋，保證絕不收取任何費用，她才好像安心了些。

置於臥室的簡易摺疊床，志工也將它搬至病床旁，方便秀麗照顧媽媽。（攝影／梁綿彬）

「妳申請這些夠嗎？想想看還有沒有需要的，可以一併申請。」施敬洲請秀麗不用顧忌，只要有需要並提出申請，志工都會送過去。

秀麗為人很客氣，說這樣就夠了，結果還是自己花錢買了陪病床。志工問她，往後這張陪病床要當作沙發用嗎？她搖搖頭說：「先收起來吧！」

一人生病，全家的生活常跟著被打亂，若是輔具都要自行添購，對家庭不啻是一筆很大的開銷；往後若用不到了，丟了可惜，留了也占空間。

而慈濟環保輔具平臺可回收檢修、消毒、運送，眾多志工無私地付出，不向申請者收取分毫。

這一切，就是期望藉由平臺的交流，在延續物命的同時，也可減輕病患家屬沉重的負擔。

台電所長變身愛的外送員

他三十九歲的兒子，年紀輕輕就因罹癌而離開了人世，「白髮人送黑髮人」，是如同割肉的悲痛。

如果每個人的一生都會經歷一番猶如禁虐在死蔭幽谷中的苦難，迫使你去找出解開黑暗的方程式，那麼對李維慶來說，過往這三十多年做慈濟的經驗，便是等號的另一端，讓他的苦難終於有解。

這幾十年來跟著證嚴上人做慈濟、學佛法，讓他明白生老病死是一切生命所不可避免。身為一家之主的他清楚自己的責任，只能堅強地扛起悲傷，好好處理兒子的後事，安撫家人悲慟的心，安置兒子頓失依靠的妻兒。

「叮咚！」、「聯絡人薛金芳，地址梅山，需求病床、噴霧化痰機……」、「請大林接收！」嘉義環保輔具平臺群組捎來訊息，通知負責的窗口接案。

二〇二二年嘉義環保輔具平臺甫成立，大林和氣隊長正好由林圭南交棒給李維慶。「大林收到！」以前對通訊軟體有空才會點開看看，現在他得心心念念隨時留意，盡速秒回，就怕耽誤案家。他按照上面的電話打過去跟案家確認，並詢問何時需要使用。

同時手上還有要送往大林、新港的案件，以及到溪口回收輔具，還要載去嘉義園區進行紫外線消毒。掛上電話後，李維慶前往大林環保站查看有無庫存；如果沒有，再跟環保輔具平臺執行窗口陳明周提出，前往嘉義志業園區去載。

台灣電力公司水上服務所退休的李維慶運用擅長的管理能力，開始整合，要在有限的時間內作最有效率的規劃。

免費比付費的更快到

費了一番功夫把所需的輔具都備齊了，出發前，他再度確認電源開關、輪子、管線等所有物件是否牢固，能否正常運轉。提供安全好用的輔具，是志工們的心意。

「有人在家嗎？」「怎麼這麼快！」開門驚見送來輔具的志工，案家著實欣喜不已。在不知道慈濟有環保輔具平臺前，他們已經向外界租

自台灣電力公司退休了，李維慶的志工身分卻沒有退休，一如既往地做回收，當醫療志工，如今還成為輔具「外送員」。（攝影／陳世嫻）

了半年之久，除了租金還得自付運費，運費一趟就要二千五百元，申請後也等了一段時間才下來；慈濟三天內「宅配」到府，讓案家驚嘆連連。

志工從接案到收送輔具，扮演的角色彷若時下最具話題的職業——「外送員」；不同的是，這些外送員是無給職，志工送的是一分來自十方的福氣。

志工們利用槓桿原理把上百斤的病床搬下來，「放這裡好嗎？」配合案家的需求，協助擺放到妥當的位置。每次運送至少要有兩位志工，他們雖然已經不年輕了，但愛心猶如青年般熱烈。

「薛小姐，我教你怎麼使用……」組裝好所有的器材後，志工仔細教導操作方式以及要注意的地方。

「真感心！慈濟真的很溫暖，帶給病人很大的方便。」案家感謝之情溢於言表。

李維慶十分理解身為家屬的心情，以及對輔具的迫切性。當年他兒子生病時所用的輔具都需要靠租借，每筆項目都要花錢，對一個普通家庭而言，無疑是雪上加霜的負擔。

「你照顧家人，也要注意照顧好自己，祝福你們！」離開前李維慶雙手合十對案家說。他的話語是一分溫馨的關懷，彷彿一片柔軟的羽毛，輕輕地撫過案家每個人的心靈。

一趟輔具運送，即使緣分短暫，也要給案家最有力的支持；它送的不僅是有形的物件，也是遞上志工最真誠的愛。

愛大於皮肉痛楚

嘉義區總案件量，從二〇二三年開始呈十倍攀升，由原本的個位數增加到一百三十件以上。目前大林區（梅山、大林、溪口、新港）平均一個月至少十二件，足見輔具的需求與流動性之大。

當無私的愛大過於皮肉的疼痛，搬運輔具時夾到手或砸到腳，都微不足道了。輔具搬運過程免不了碰撞挫傷，志工總忍住不敢叫出來；看見案家收到他們送過來的輔具時臉上所洋溢的喜悅與眉眼間所透露出的感激，便是最佳解痛藥膏。

對於已近古稀之年的運送志工們來說，山高水遠地奔波，考驗著他們的體力與耐心。有些地址沒門牌，連Google也查不到，光是找路、找人就耗掉了大半天的時間；有時開了兩個小時的山路離開，不到半天案家又打電話來說不會使用，還得再跑一趟、重新去教一遍。

「但願眾生得離苦，廣庇天下盡歡顏。」若案家可以因為送來的輔具解決問題，一切辛勞也感覺值得了，李維慶說：「趁著自己還能付出，就要把握。」

把握每一次相遇　創造愛的奇蹟

在同事丟棄午餐便當盒的垃圾桶裡撿回收，即便總會引來他人的側目、笑謔，李維慶都不以為意。年少時，他連一隻蚊子都不肯打，後來喜讀佛經，一腳踩進慈濟，皈依明師，認同證嚴上

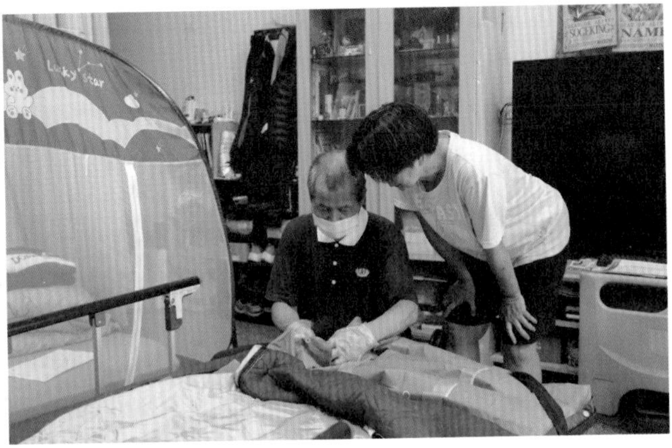

志工幫忙組裝好所有的器材後，仔細教導案家如何操作以及要注意的地方。（攝影／陳世嫻）

人提倡，「經者，道也；道者，路也。」經是用來行的，在付出中印證佛法締理，體解佛陀本懷。

如今自台電所長的身分退休了，但他志工的身分卻沒有退休，一如既往地做回收，作醫療志工，如今還成為輔具「外送員」，風雨無阻地持續傳送大愛的電力，要帶給苦難人支持的力量。

帽子歌后鳳飛飛以前有首歌〈愛的禮物〉，歌詞中有一段很棒：「有一份愛的禮物，我要把它獻給你。……創造一個愛的奇蹟，留下一個愛的回憶。」相遇絕非偶然，都具有它的意義。無論緣深緣淺，愛的外送員努力送來真心關懷與祝福！

大林志工將收回的輔具載去嘉義志業園區，進行紫外線消毒。（攝影／陳世嫻）

蘆洲環保輔具平臺 箍住大家的心

「來喔！喝茶喔！」忙完了兩個小時的環保輔具回收與運送，正值中午用餐時刻，慈濟蘆洲聯絡處志工室早已備有茶水，郭文生一一點名，「大家都到了嗎？」

對於這一群跟著他默默付出的貼心夥伴們，郭文生道出：「我會先找出他們有空的時間，慢慢凝聚大家的力量。」夥伴們不求回報，願意貢獻自己一點時間幫助人，熱心地為有需求的弱勢案家送輔具。這樣的人愈來愈多，大家愈做愈歡喜，也一直持續在環保輔具團隊中付出。

箍人有法寶

郭文生回憶起，二〇二一年十月蘆洲區環保輔具據點成立。起初他抱持單純的想法，心想蘆洲有兩個和氣，九個月才運送十八床醫療床，平均一個月兩床，這塊福田做起來，應該不困難。

卯足勇氣承接之後，卻完全不如想像中簡單。志工原本的勤務就很重，搬運醫療床又相當費力，那時郭文生心裡開始產生壓力。但「有願就有力」，他一步一步、踏踏實實地付出，吳水成、林錦煌、范光成、沈進祥等強棒菩薩陸續湧現，讓他升起了很大的信心。目前群組中有上百人，一半以上都在配合勤務。

這群輔具夥伴中，有的已退休，有人仍在拚事業，但只要有勤務，大家放下手上工作，一起完成任務。「『箍人』要讓他們感受到歡喜。」郭文生笑意微微，兩頰的皺紋向外擴張，六十七歲的他，總帶給人真誠的親切感。

郭文生「箍人」有法寶，出完輔具勤務回來，大家一起泡茶、話家常，有時候也會邀約爬山，分享行善助人的故事，讓大家感受到，這裡就像一個大家庭，人人都是真誠、有愛心的；來這裡好像在交朋友，又能學到東西。

志工吳水成笑說：「郭文生是一個脾氣很好的人，你怎麼逗他，他都不會生氣。」剛從救難隊退休的黃申鐵也形容：「即使沒有勤務，中午郭文生也會揪我來吃飯，我好像被這群人黏住了。」

收送輔具回來，大家泡茶、話家常，談談自己的興趣，分享行善助人的故事，營造出一個大家庭的氛圍。（攝影／陳家羚）

從懵懂度日 到真誠付出

郭文生童年時，父母是在市場賣菜的小販，從早忙到晚，辛苦為家庭付出。成家立業後，他有段時間身體欠佳，跑遍道場求神拜拜，也無濟於事；閒時無所事事，都是在玩樂、唱歌、喝酒度日。後來，他認識了志工陳寶月，建議他去慈濟做環保，就此一路做到現在。「感恩父母給我的生命，讓我來慈濟學習付出，人生更有意義。」他說。

談到慈濟環保輔具平臺，郭文生坐直了身子，雙手比出「很棒」的手勢，「因為送輔具能走入人群，直接讓案家感受到真正的需要，還能走進他的家庭，給予溫馨的關懷。」

有一次，他們運送醫療床到案家，看到房間凌亂不堪，阿嬤重癱在床上。郭文生本想把醫療床放置客廳，讓案家自己來處理，因為怕搬動會傷害到老人家；後來應家屬要求，大家拿出醫院志工的經驗，為病人完成換床，過程相當順利，家屬也十分歡欣。

還有一次送醫療床到案家後，他們幫忙整理房間，並將案家原本要回收的家具帶回。這一幕讓案家媽媽很感動，拿出二千元要請大家喝涼水，大家連忙說：「我們都是做本分事。」因為接近中午了，案家想請大家吃便當，眾人又說：「我們回去吃就好，師姊們都有幫忙準備。」志工付出無求的心，讓案家打心底地感動。

郭文生說：「上人常教我們，『手心向下』，有機會能助人，是我們的本分。」有時遇到今天剛將醫療床搬過去，隔一兩天又請求回收；這位眷屬可能已經走了，讓郭文生體會人生無常，有機會助人，就要把握當下。

「佛法是世間法，走入人群中，取之社會，用之社會。」解決貧困的負擔，輔具是一種橋梁，且是案家主動來邀請，更能感受到慈濟不收一分錢的服務熱忱；因為慈濟所說所做不是口號，更多的是溫度。

五十歲左右才開始學佛的郭文生，希望藉行善、懺悔來彌補自己以前的過錯。

人力動員最迅速

二〇二三年，則由沈進祥接任新的蘆洲環保輔具窗口。

沈進祥卸下互愛隊長後，推薦郭文生承擔，身兼環保輔具和諮詢窗口的郭文生直言道：「你推薦我當互愛隊長，那輔具窗口你一定要幫我擔起來。」在團隊簇擁下，沈進祥只好勉力接下窗口。

「禮拜二早上十點半在總務室集合，懇請輔具師兄們協助幫忙，麻煩請接龍……」在頻

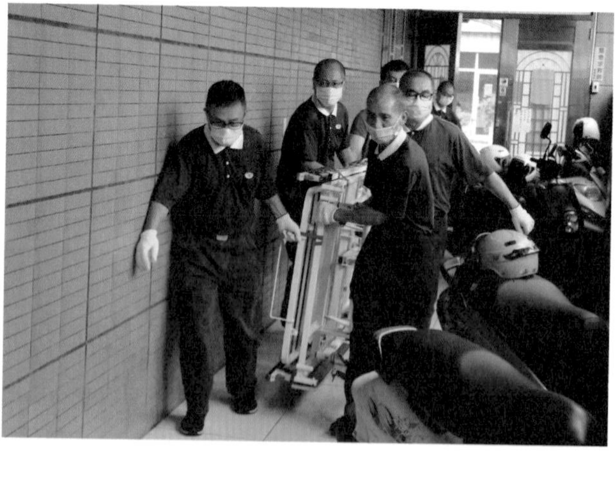

慈濟新北環保輔具蘆洲據點兩大主力郭文生（右前）、沈進祥（左前），兩人先後承擔窗口，帶領團隊歡喜在每一次的付出。（攝影／張順生）

繁而緊密的訊息布達中，沈進祥逐漸樂在其中。他覺得蘆洲環保輔具的特色，就是動員快速，訊息一在群組布達，往往不用半小時，人數馬上額滿；沒報到名者，只好下次再來。

據統計，平臺從一月到六月送出與收回的案件數量，大約有二百四十一件，其中電動病床占了六十三床；也曾有一天送過七個案件的最高紀錄，接案量算是消化得很快。從接案一個禮拜以內，他們就會把案家申請的輔具送達，讓病患可以安心地使用；後續也會跟案家互動，隨時都可以幫忙處理使用上的問題。

在回收輔具的過程當中，志工們到達案家後，會先圍著空床，向原本的主人道別；虔誠恭敬地為往生者祝福，回收之後進行輔具消毒清潔，再將這分愛心送給下一個需要的人使用。

現在新型的輔具電動床，扛起來都有一百公斤以上，有時遇到五樓以上的公寓無電梯，幸得有那麼多志工互相扶持、幫忙，才能夠運送順利；看到案家感動淚水與歡欣的笑容，志工們就覺得一切辛苦都值得了。

運送輔具的過程當中，有時也會感動到有愛心的人，將自身的感動化為行動，一起加入運送輔具的行列。因此，環保輔具平臺也是人間菩薩大招生的一個愛的團隊。沈進祥希望能把大家的心箍在一起，「事事有人做，人人有事做」，眾人將靜思堂當成自己的家，三不五時常來走動。

年少曾輕狂

曾經年少輕狂，當年從監獄出來社會時，沈進祥是被媽媽的不離不棄而感動；同時慶幸自己跟上人結了這分好緣，此生能夠走入慈濟。現在做任何勤務，他都會迴向給長輩，以及一些過去對他們有所虧欠，曾經傷害過的人。

沈進祥也熱心投入訪視，他體會道：「每

志工送輔具服務社會，一方面可以鍛鍊身體，另一方面給予案家最即時的幫助。（攝影／沈進祥）

個案主都在用他生命的故事，教育我們，讓我們知道自己有多麼幸福。」「有苦的人走不出來，有福的人就要走進去」，尤其是許多申請電動醫療床者，代表這個人行動不方便，急需醫療床的輔助，因此希望團隊能夠幫忙送過去。

「像我們今天送的案家，她先生明天要出院，她自己和先生剛好確診，醫院不讓先生住，所以希望我們今天送去。師兄們務必先作好防護，然後趕快把醫療床送過去，請兒子接收，讓她先生可以及時使用。」對於有苦的人，能夠送上最急需的溫暖，便是最好的禮物。

有時，遇到病床的使用者已經不在了，病床須回收；從不捨家人的思念心情，也能感受到這一群鐵漢金剛的柔情。

一位阿嬤，在八十幾歲的先生走了之後，聽完志工們在回收的病床前祝福阿公的一些話，阿嬤瞬間哭得稀哩嘩啦。在病床搬下來的同時，阿嬤一路虔誠地合掌，在這最後的一程，祝福阿公一路好走。

眼見這一幕，沈進祥除了陪伴家屬，眼眶泛紅，也體會到人生無常，要把握時間，分秒不空過。

齊心協力　才能成就志業

蘆洲環保輔具平臺的亮點，在於人力上的動員迅速，大家都非常樂於承擔。而運送輔具的時間，也得到大家的共識，早上十點，多數志工這個時間可以抽空出來；勤務完成後，大約接近中午，又可以留下來一起聯誼，之後用完餐後再回去休息。後端清潔、消毒的師姊是最大的後盾，當回收輔具回來時，師姊們馬上清消，接下來才能安心地送給有需要的人。

環保輔具平臺依靠的是「一條龍」的團隊，從祕書接案，將訊息發送到小群組，接著與案家聯繫，了解對方家裡的狀況與需求，是樓梯公寓還是有電梯，或使用者的身體情況等。

早期都是一股勁地做事，接到訊息就送，

沈進祥承擔窗口後最感欣慰的是，大家都踴躍承擔，一起來護持勤務，也成為推動他前行的動力。（攝影／張順生）

到了案家才發現，對方房間都沒打掃；後來慢慢摸索，才懂得置放環境一定要讓案家事先清掃乾淨。另外，遇有不適用回收的，會請案家交給行政單位；至於損壞的，則帶回維修弄好，再回送給案家。

沈進祥認為，「合心、和氣、互愛、協力」的精神，在輔具服務上被實踐得最為徹底，因為輔具服務一個人做不到，需要聚集大家的力量，齊心協力才能成就，「群組的動員力，遠超過其他功能組，也讓彼此的情感更加凝聚。」

尤其在付出的過程當中，看到案家滿足的笑容，是最令自己感到開心與感恩之處。沈進祥靦腆笑稱自己：「輔具窗口從當初不想接，結果現在是愈做愈歡喜。」

「合心、和氣、互愛、協力」的精神，在輔具志工身上真的可以看到，實踐得最徹底。（攝影／張順生）

承擔輔具　帶給我更多幸福能量

拿起手機，笑容可掬的謝桂妹，喜悅地一一分享：「這一件是新的案件，可能昨晚較晚時間發出的，我要趕緊處理，連繫分派出去。從這裡點入查詢，就可以看到申請者的需求；像是這張拐杖的相片，就是我拍了傳給申請者，詢問是否符合對方需求？結果沒多久，那位小姐就來我家載回去，讓家人使用。」

輔具回收，延續物命，謝桂妹已經持續做十多年了。二〇二二年七月「慈濟環保輔具平臺」LINE群組成立，急需人手協助，鳥松區謝桂妹來到仁武環保站，就邀約志工陳正宗與鐘淑如夫妻共同來承擔，創造輔具再利用的價值。這一分愛，也是疼惜大自然最好的回報。

平臺啟動　來源廣泛種類繁多

為了方便民眾快速申請，鐘淑如是平臺的小祕書，接到有人上線申請，就趕快將分案傳給鳥松區的謝桂妹；每一區都有一位小祕書，鳥松區加上岡山、鼓山、左營和三民區，共有五個窗口。岡山區分案的部分也是由她協助，對於擁有四十七年行政經驗的她而言，並沒有太大的困難。

鐘淑如詳細說明輔具的來源及種類，她說：「高雄目前有五個區，運送組就是隨時邀約會眾或者是師兄、師姊一起來承擔，最遠送到六龜；謝桂妹是負責六龜、旗山、甲仙及林園、大寮、鳳山。」

「環保輔具的來源，大部分來自民眾捐贈，或是環保站回收，私人輔具公司也會贈

謝桂妹已經持續做輔具回收十多年了，創造再利用的價值。這一分愛，也是疼惜大自然最好的回報。（攝影／劉晉領）

送，還有長照中心停止營業了，原本要請環保局來清運，接獲訊息後我們也會去載回來。團隊在收到輔具後會先整理乾淨，並測試功能是否正常；測試好後，就先歸類存放；最後要送出輔具時，也會再三確認。」

鐘淑如進一步說明：「輔具的種類有很多，舉凡氣墊床、病床、一般輪椅、高背輪椅、洗澡椅、便盆椅、ㄇ字型助行器、拐杖式四角助行器、腋下助行器、電動代步車，還有一種幫病人移動時的移位腰帶等，各式各樣都有。電動代步車須經過家屬同意，也要對方會用才會提供；因為電動代步車在行進中不能壓到路面的坑洞，會導致電池故障，電池相當貴，一個要四千元。」

陳正宗和鐘淑如倆夫妻承擔運送組，配合協助輔具回收，延續物命。（攝影／梁永志）

延續物命 減輕照護壓力

新的輔具價格不斐，對於弱勢家庭來說，平時已經要支付醫療費用，若還要另外支付購買的費用，更是一大筆負擔。如今，原本要報廢的輔具經過整修延續了它的物命，也能提供給需要的案家使用，大大減輕了他們的經濟負擔。

這一年多來，有一位案家讓鐘淑如印象特別深刻，她自行到仁武環保站告知有病床的需求，述說著以前自己也是慈濟會員，因為經濟因素所以就停繳了；而婆婆住在阿蓮，年紀大了行動不便，需要她每個月回阿蓮去照顧婆婆，後來為了就近照顧，索性就把婆婆接來一起住。

鐘淑如回想：「當下我協助她將資料登錄環保輔具平臺，並對她說：『沒關係啊，不然妳就拿一個竹筒回去，每天十塊錢、幾塊錢這樣投也OK。』她以前是我姊姊的會員，結果當天晚上她就到我姊姊那裡繳功德費，然後問了我的電話，告知何時需要病床；我們就在約定的時間送過去，當下她很感動。」

後來，跟這案家住在同一條街的鄰居也需要病床，她一看到鐘淑如和陳正宗送病床過去，就開心地過來打招呼，說：「太好了！太好了！」她真的很感恩，直說：「病床很好用。」

單純助人心念 承擔輔具窗口

「明明什麼都不會，還敢承擔這樣的任務，真的是憨膽。」藍寬源用他招牌的靦腆笑容陳述，曾經有人如此調侃他。

他表示，自己的個性比較大而化之，初承擔輔具窗口時有點不自量力，剛開始運作時，不論是環境、人力，尤其是技術及能力，都完全沒有；然而從二〇一九年起到現在，經過這幾年的學習，藍寬源自覺現在已慢慢步上軌道，人才也逐漸到位。

曾經，有一位會員需要病床，不知道怎麼詢問到鳥松區那裡的環保站，但因為鳥松區沒有病床，才再轉回來問岡山志業園區環保教育站，剛好問到藍寬源。當下他就很納悶想著：「我們（岡山志業）園區明明就有輔具，為什麼他不來問我？」從這件事，促使藍寬源認真思考，覺得這應該是管理上出了問題。

疼惜病人對輔具的需求及愛惜物命，希望將環保輔具這項資源提供給有需要的家庭。當下他並沒多想，一口答應承擔窗口的責任，就是出自很單純的心念，想讓需要的人有輔具可以用。

如果有民眾來借輔具，藍寬源都會先問民眾家住在哪裡，再詢問當區的輔具窗口，是否有符合民眾需要的輔具；如果當區沒有，再由岡山志業園區輔具團隊支援。

原則上，輔具的運送都是由志工親自送去給有需求的家庭，同時藉由這項服務去了解需求者的家庭狀況；若需要進一步協助，再透過訪視志工去關懷，並提報給社工。

苦無場地放輔具 曾起煩惱心

「清消過後的輔具無法全部進入儲藏室，

（右起）吳哲愷、陳順雄、藍寬源一起搬輔具送去案家，並了解輔具使用狀況，是否需作更換或維修等等。（攝影／蔡麗莉）

曝露在外面，等於白忙一場。」說著說著，藍寬源的眉頭不禁皺了起來，臉上也失去了笑容。因為，這就是現階段令他最苦惱、困擾之事。

二〇二二年十月，證嚴上人行腳到慈濟岡山志業園區，藍寬源提出問題跟上人報告：「我德行不好，又沒有地方放置輔具，希望上人給我加持。」

上人說：「你要做得歡喜，做得高興，就是有把我的法用在你生活上。」就這麼簡單一句話，力道十足。

找不到地方放整理好的輔具，這個難題一直困擾著藍寬源，他曾反覆自問會不會太執著，急著找倉庫放置輔具而跳不開。

藍寬源表示，在《證嚴上人納履足跡》這本書裡，上人有提到「修行，就是要運用佛法擦拭心鏡，盡除貪、瞋、癡等無明煩惱；心無欲念，才能明辨各種境界，不隨境界起念、造業。」這不是光談理論，沒有應用在生活上，就不知道裡面內涵微細的作用，上人就用淺白的話語來展現道理給我們知道。

藍寬源再說：「這句話讓我靜下心來思考。」如果做得不歡喜，會愈做愈鬱卒。

上人開示過：「我是以善門讓你們入佛門，不要停留在善門，否則，做累了就不會想再繼續，挫折感就會冒出來。如果是從內心裡發出的喜悅，就能體會人生的價值何在，快樂不是有錢人的權利，而是有心人的付出。」

用心就是專業 自習技術延物命

經過時間的累積，問題一一浮現。以前有輔具需求者，不是直接買，就是四處找門路借；現在慈濟環保輔具平臺開放申請，需求者會相互告知，有慈濟環保輔具平臺可以免費借用，申請量瞬間暴增。這時，人力及技術運用上的匱乏，相對更顯得捉襟見肘，有點力不從心。

但是，藍寬源相信，只要有心學習或請教各區有經驗的志工，大部分問題均能獲得解決。

誠如上人說的，「用心就是專業。」現在，岡山環保輔具團隊有兩位負責換輪胎的志工，他們都很積極，並上網自學，再到現場修繕。曾堯山在燕巢區義大醫療財團法人擔任志工，有實際修理輪椅的經驗；余國華則是孩子在讀國中時，腳踏車輪胎壞掉，他自己摸索著買材料來換，因而有了修理經驗。

七十一歲的藍寬源亦露出自信的靦腆笑容說：「我從不懂、不會，現在也學會換輪胎了。」

簡單事重複做 就不簡單

深入接觸輔具後，藍寬源才知道輪椅的種類眾多，有分一般椅、高背椅、骨科椅，還有量身訂製的輪椅。在做當中，他深刻見識到箇中的學問。

想起當初旁人那一句質疑，「你什麼都不會，還敢當窗口？」藍寬源說，當時聽來心裡真的不太舒服，然而，接輔具窗口這件事帶

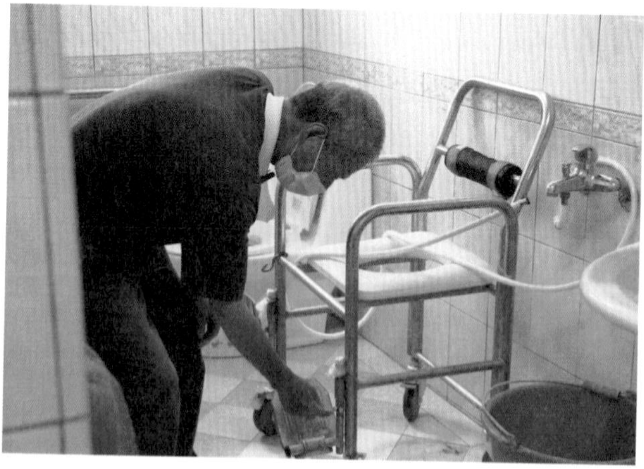

藍寬源表示，做事的態度、行為及認真的程度，旁人都看在眼裡；若是自己懶懶散散的，要邀約人才進來，是不會讓人信服的。（攝影／王福壽）

給他很大的震撼，讓他深切體會這句臺灣諺語「工夫是萬丈深坑」，做任何事情真的要用心，一直學、一直提升自我，便能縮短不懂的時間。

案家常用到的病床，「我自己不稱是病床，而是稱『福床』，因為它讓病人能夠享受這一程，不要再受更多的苦。」說完，藍寬源整個人都笑開懷了。

以前的病床都是手動式的，現在則是以電動病床居多，對於被照顧者與照顧者都好；畢竟科技愈進步，人的要求就愈多。

藍寬源口中的「福床」不斷進化，從手動發展到電動的一段式，頭部位置可以升降；接著提升至兩段式，即頭部及腳部的位置可以升

孩子讀國中時，腳踏車輪胎壞掉，余國華（左）就買材料回來摸索自己換，現在是岡山輔具團隊專門換輪胎的志工之一。（攝影／朱立葦）

降；後來進步到三段式，能調整床的高低；目前更新型的四段式，則是可以幫助病人翻身的電動床，岡山園區還尚未收到此類床。

做得歡喜 學修繕亦修心

做慈濟絕對不會後悔，在承擔輔具窗口後，藍寬源覺得自己邊做邊學，當遇到的問題迎刃而解，內心就會更加快樂。

這體會也印證了上人對他的開示：「你做得歡喜，就是我對你的加持。」這句話化為他遇到挫折的一股力量，覺得收穫良多。

藍寬源自認，他從輔具服務中學習到很多做事、做人的方法及人生哲理，並以圓融和用心，成就自己的智慧，藉事來練心，進而產生歡喜。

付出，得來的是幸福的感覺，不只是一時的歡喜，而是回想起來就內心洋溢著幸福。環保輔具平臺，編織起一層一層無邊的網，網住家人的情愛，給每個家庭幸福依「LINE」。

第五章
螢火微光　創造輔具價值

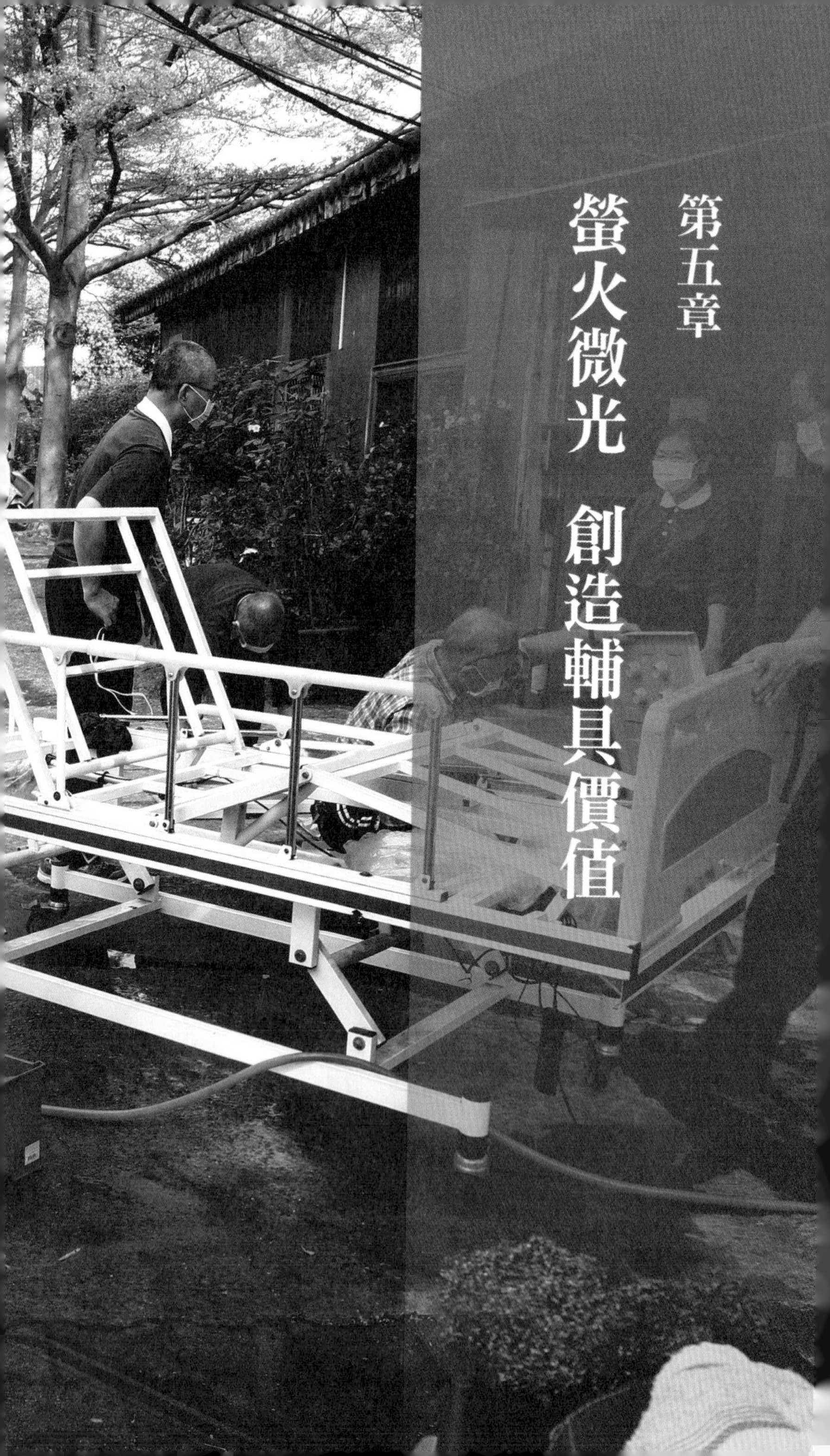

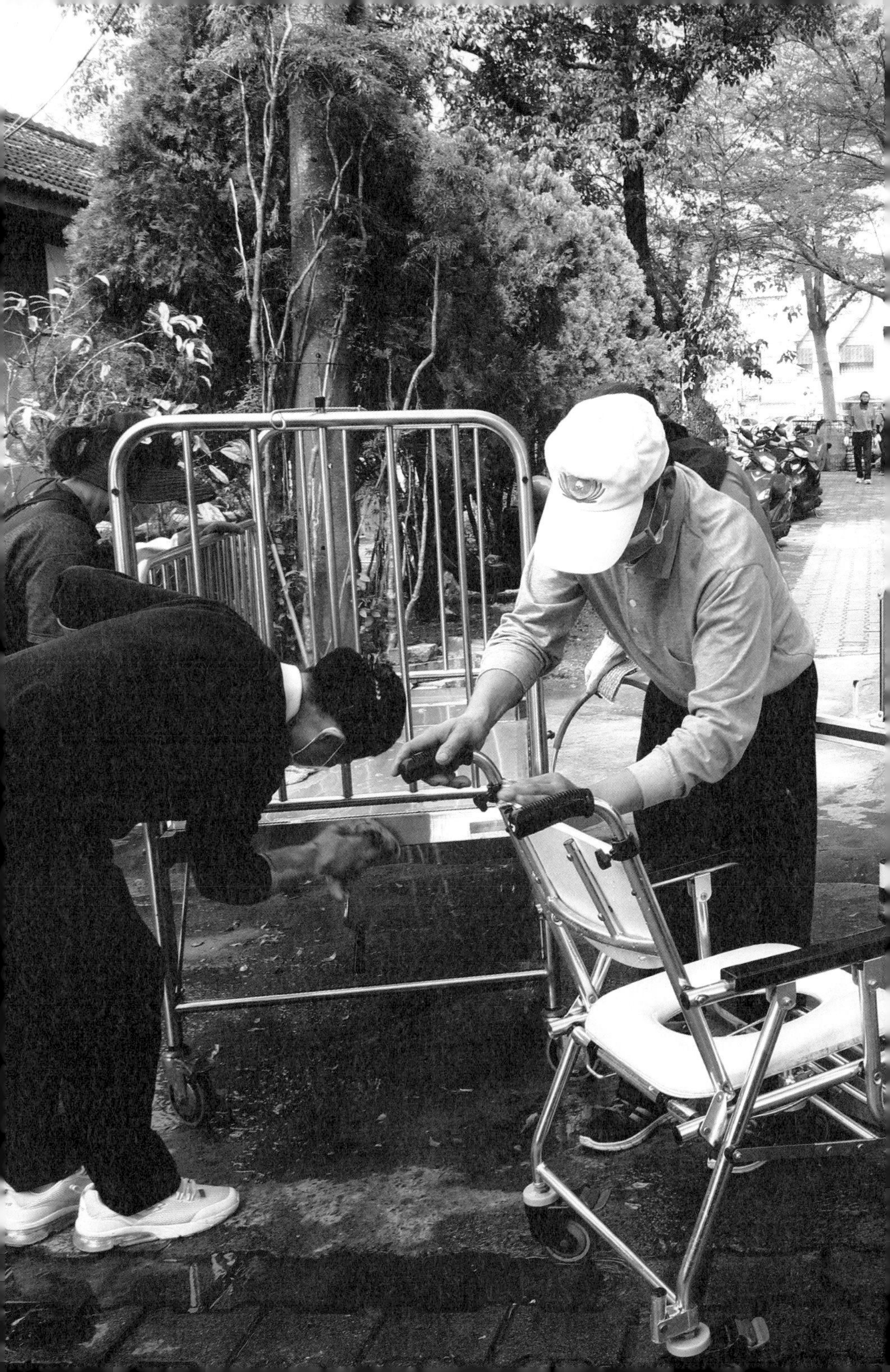

承擔輔具先鋒 焠鍊生命風華

當今處高齡化社會，失能長者漸多，對於能協助失能者生活便利或減輕照顧者負擔的輔具需求，也日益增多。而長期以來，慈濟志工不忍回收的輔具變成廢棄物，於是將之整理維修後，再提供給有需要的家庭；一旦他們不再需要輔具時，再由志工收回整理維修，如此又能幫助下一個家庭，善盡其用。

為了更加有效整合資源，原本已在從事輔具服務的大北區慈濟志工，二〇一八年十一月十一日聚集在新北市雙和靜思堂開會，商議成立大北區「二手輔具平臺」，建立資訊化系統，提供網路申請，透過系統，可清楚掌握輔具庫存，節省運送時間。

大北區的平臺服務區域包括基隆、臺北、新北、桃園、新竹等行政區域，並經現場與會人員一致推舉，年紀最長的顏煌彬為主責窗口，帶領大北區各輔具團隊順利運作。

接了，就要認真做！

面對眾人的推舉，顏煌彬初時陷入猶豫掙扎，畢竟他對於二手輔具的慈善工作接觸有限，經驗不足；印象深刻者的，僅有兩年多前的慈濟法親關懷。

顏煌彬的二姊為慈濟人熟知的「志工老兵」顏惠美師姊，常帶著顏煌彬去做居家關懷。二〇一七年，慈濟人稱「妙媽媽」的陳黃金色師姊，因病在臺北慈院安寧病房住院，顏惠美每每從花蓮來臺北探視，總會請顏煌彬陪同。

當妙媽媽要出院時，因為顏惠美長期在花蓮慈院服務，深知便盆椅、電動床、輪椅等等輔具都要準備，因此帶著顏煌彬把輔具一一準備妥善，由顏煌彬開車送到妙媽媽的家裡。

在關懷陪伴妙媽媽的二年過程中，照顧病人的辛苦，顏煌彬都看在眼裡，也明白輔具對於病人的重要性。他思索著承擔的責任重大，要如何將輔具得體地送到案家去？他沒有服務過案家，僅僅靠著過去訪視的經驗，足以應對得了嗎？

一思及此，顏煌彬猶豫不決地詢問二姊顏惠美。

二姊竟然鼓勵他：「這是很好的事情啊！你如果接了，就要認真做，不能想做才做，要好好去做！」

有了顏惠美的激勵與支持後，顏煌彬決定承擔任務，努力做下去。

萬事起頭難，有心就不難

承擔二手輔具平臺的志工總窗口後，顏煌彬開始積極思索輔具平臺能不能順利做下去？

萬事起頭難，顏煌彬著手找地、找車，凡是遇到人事的紛擾，他就去找二姊訴苦。

但二姊總是對他說：「我不要聽負面的話。」

二姊鼓勵他要「甘願做、歡喜受」，不是好做的才做，困難的更加要承擔起來；於是，顏煌彬把話聽進去了，默默地做，勇敢地一關

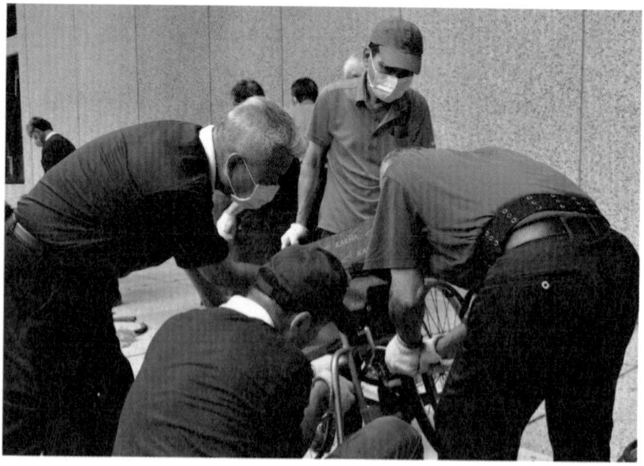

新北環保輔具平臺志工顏煌彬（左一）加入整修行列，從汰換輪子到拆修煞車系統，零件維修都由志工一手包辦。（攝影／黃曾幼馨）

闖過一關。每天早上起床，他就在佛前祈求觀世音菩薩，希望這一天能有貴人出現相助，結果總是很靈驗。

顏煌彬心想，要放置回收的電動床、氣墊床、輪椅、便盆椅等等輔具，需要很大的場地，這一定要找對自己宛如「土地公」有求必應的陳茂正。於是，他馬上打電話約了這位自己最敬重的長輩。

看著如同自己孩子的阿彬說明來意後，也是慈濟人的陳茂正二話不說即說好，「我在新莊有一個地下室給你用。」聽聞是地下室，顏煌彬立馬說道：「因為輔具很重，希望是車子能直接開到的地方，直接就可卸貨、搬運，方便就好。」

聽完阿彬的需求後，陳茂正即問：

「不然你想要哪裡？」

語落指著眼前的住處，「還是這裡給你用。」

「真的假的？你的『別墅』要給我用？」陳茂正的熱情相挺，令顏煌彬驚喜不已。

倆人早已忘了當初是在什麼樣的情境下結識的，但從彼此亦父、亦友的相處模式中，這分多年來相互尊重、疼惜的情誼，讓二手輔具大北區的集散點，就此在新北市八里區龍米路一處依山傍水、綠蔭成林，彷彿置身香榭大道上的倉庫（鐵皮屋），開始發揮其良能。

運作一段時間後，團隊覺得社會大眾容易將「二手物」與「品質不佳」畫上等號，所以更名為「慈濟環保輔具平臺」。後來，因為大臺北地區人口密集，申請案件的頻率極高，二〇二一年六月起，重新選定離雙北市中心較近的中和區慈濟雙和連絡處地下室一樓庫房，開始陸續存放輔具，以求能更有效率地運送輔具與節能減碳。因此借用了近三年的倉庫，就此功成身退。

輔具遠送高雄 開始思考落實社區化

陳茂正（左）與顏煌彬亦父、亦友的相處模式，來自多年來相互尊重建立的感情。（攝影／黃沈瑛芳）

顏煌彬曾經送輔具到案家時，病人的家屬跪著接收電動床，他覺得承受不起，請家屬不要行此大禮。家屬當時告知：這是臺灣南部的習俗，子孫對長輩抱持崇高尊重的心情，因此以傳統最高規格的禮節，來迎接長輩將要使用的病床。

聽取這一層涵義後，顏煌彬深受感動，因此更激發他對於輔具服務的榮譽感。慈濟人難行能行，他發願用心承擔，有困難就想辦法解決，勇於承擔使命。

一開始送輔具時，服務範圍遼闊，從基隆到桃園、新竹等地都有，只要收到需求的訊息，無論是再偏遠的地方，顏煌彬都會去送。有一次，北投曹洞寺法師告訴他，有俗家媽媽需要電動床，雖然人遠在高雄，顏煌彬和志工仍設法將輔具送到高雄，令法師很是感動！

從臺北遠送到高雄，一路舟車勞頓！也因為這個案子，讓顏煌彬更用心去思考上人為何要落實社區服務？因此，為了帶動全臺有心的志工共同加入，一步一步，依循上人落實社區的理念，北區志工團隊也積極去媒介全臺各地成立環保輔具平臺。

花蓮太魯閣號事故　緊急募集輪椅救援

顏煌彬並回憶起，二〇二一年四月二日臺灣鐵路局在花蓮發生太魯閣號列車出軌的意外，造成四十九人死亡、二百一十三人輕重傷。臺北慈濟醫院陳美慧護理長那時就在火車上，她不顧自己受傷，發揮醫護人員專業，忙於救人。

當時，陳美慧打電話向長期在臺北慈院擔任醫院志工的顏煌彬求援。一接獲訊息，顏煌彬馬上在大北區群組發布消息，短短半日，迅速募集了五十多部輪椅，匯聚於慈濟基隆靜思堂。

隔天四月三日一大早，志工將輪椅整合為兩部車，以直達車送到花蓮，交接給花蓮輔具團隊，方便民眾申請使用。顏煌彬望著奔馳而去的二部車在基隆的山巒中逐漸遠去，他懷著感恩的心，內心默默祈求車隊平安抵達花蓮，及時提供給受傷的民眾使用。

愛心軟鋪宅急便　醫護人員安心好眠

二〇二一年五月新冠肺炎本土疫情爆發後，臺北慈濟醫院肩負起收治確診病患最多的醫院。許多第一線的醫護人員必須與病患近距離地接觸，一方面又擔心因自身工作造成家人染疫，因而多選擇外宿或直接睡在醫院中。

然而，臺北慈院成立臨時宿舍的床，是那種分上下鋪的硬板床，好些同仁睡到後來，全身痠痛。陳美慧護理長心生不捨，只好又打電話向顏煌彬求援。

顏煌彬立刻向慈濟輔具群組發布訊息，請各區輔具團隊清查存貨回報。桃園環保輔具平臺志工窗口彭振維，本身在壢新醫院擔任保全工作，十分清楚醫護人員的辛勞。一聽到臺北慈院有需要支援陪伴床，他也立即發布消息。

發生花蓮太魯閣號事故後，隔日一大早，志工集結了二部車的輪椅，準備直送花蓮，基隆環保輔具平臺志工在車上盤整。（攝影／葉晉宏）

桃園八德輔具團隊志工窗口曾慶安接到彭振維的求援電話後，趕緊前往桃園倉庫清點庫存，找出五張全新已經組裝完成的陪伴床、四張全新待組裝的陪伴床與零件，總共九張，開始做檢修、組裝與清潔消毒。

另一端，基隆團隊的志工窗口吳文讚接到消息後，也趕緊到倉庫拿出三床全新的陪伴床，進行消毒。陪伴床床墊較軟、較好入眠，志工用最快的速度送到臺北慈院，讓護理人員能夠睡得舒服。

就這樣，清查出桃園倉庫有九張床、基隆區有三張床，預定於六月一日準時送抵臺北慈院，讓白衣天使們能安心好眠，得到充分的休息，養精蓄銳，才能迎接每日辛勞的防疫工作。

桃園環保輔具平臺志工曾慶安（前左）及基隆志工吳文讚（前右），在顏煌彬（右二）的引導下，陸續將陪伴床搬運下車。（攝影／葉晉宏）

當陪伴床被送進慈院的那一刻，顏煌彬眼見臺北慈院張恒嘉副院長、陳美慧護理長及許多醫護人員，眾人一齊欣喜比著大愛心，那畫面讓他瞬時濕了眼眶。疫情期間，醫護人員勇敢地守在最前線，而輔具志工能夠送愛到慈院，給予一線醫護人員點滴回饋，令顏煌彬內心充滿感恩與感動！

這些年來，慈濟環保輔具服務作出口碑，深獲民眾的信賴。顏煌彬由衷感恩，這一切來自於全臺輔具團隊的努力——大家共同的心念，不只是收、送輔具，而更是收送「福氣」與愛到長街陋巷，關懷弱勢家庭，也適時伸手，照顧有需要的家庭。

疫情期間，新店慈濟醫院第一線醫護人員直接睡在醫院。硬板床不好睡，志工送來十二張陪伴床，大大激勵了醫護人員的士氣。（攝影／葉晉宏）

提供有溫度的愛 讓案家安心放心

經濟上沒有餘裕的家庭，一旦面對倒下來的家人需要長期居家照護，難免為接下來的長照準備感到憂煩，接下來該如何照顧？想到必須張羅林林總總的輔助器具，令人更添心慌，擔心著沒有錢買輔具，怎麼辦？

這些問題，在在困擾著長照族群，費心勞神。

從訪視關懷中看到需要

當家庭中出現長照需求，往往連帶影響家庭經濟及引發照顧者的身心問題。臺北慈濟醫院腦中風中心陳美慧護理長舉腦中風癱瘓病患為例，談到她的觀察。

「近年來醫院所收治的患者，年齡在五十五至六十歲之間的人數逐漸增加，這個年齡層的人多數都還在職場，有些甚至是家中的經濟支柱，中風倒下後，家計受影響的不在少數。」

身心障礙者購買輔具可申請政府補助，符合長照資格者也可以申請「輔具服務及居家無障礙環境改善服務」，需到醫院鑑定或等待專人到府評估後核發證明。

符合資格者需先墊支費用購買輔具，再憑單據申請補助金；然後有些家庭儘管經濟狀況不佳，但因為擁有不動產或是不符合中低收入戶資格，經歷層層關卡，最後還不一定能獲得補助。

「申請流程冗長，有人等了兩到三週，也有人等待更久。但對於即將出院，迫切需要輔具的患者來說，根本等不了啊！」陳美慧護理長說道。

更有甚者，「有些家庭靠兩、三千元過一個月，要他們租車到輔具資源中心領取輔具，或是付運費載輔具，其實是有難度的！」

從事訪視關懷多年的慈濟志工謝國榮，看到許多個案面臨的困難，他想起靜思語所說的：「有苦的人走不出來，有福的人就要走進去！」他自覺責無旁貸，有必要走進去改善現狀。

感受輔具意義 搬進搬出無怨言

在環保輔具平臺成立前便投入環保輔具收送多年的謝國榮[1]，在運送輔具的過程中發現，伴隨著年歲漸長，若無輔具的輔助，一不小心，照顧者常常也會因姿勢不當而受傷。

「時常收到照顧者的反饋，他們說收到輔具之後，大大降低了照顧過程的腰痠背痛。」謝國榮感嘆道。

這就是居家照護的現況，在高齡化及少子化趨勢的交集下，「老人照顧老人」恐成為社會常態，年長者照顧年幼者的情形也不在少數，「多數申請者的家庭狀況，是四十至六十歲的中老年人在照顧七、八十歲的老人。」他說。

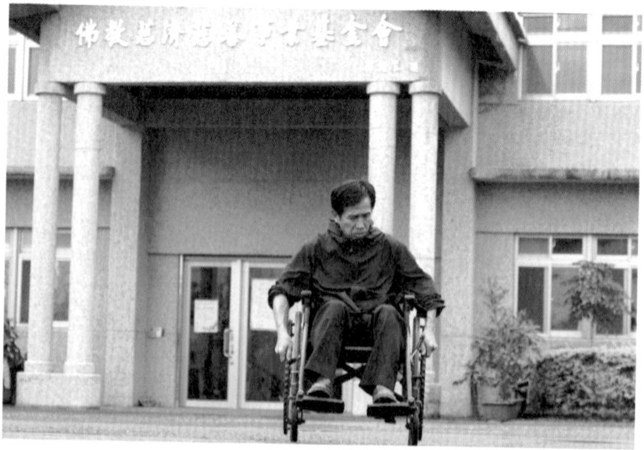

謝國榮熟稔演練使用輪椅的技術，展現對輪椅的充分認識。（攝影／蕭耀華）

也經常遇到各種急需輔具的狀況，像是一名母親曾打電話來詢問有無某種特殊輪椅，因為她年幼的孩子罹患罕見疾病，但是政府的補助金已經用罄，不得不尋求其他資源；還有年邁長者，希望在人生的最後一段路，能出院回到熟悉的家中度過，因此急尋輔具支援。

雖然，有時三天前送輔具去某個家庭，三天後使用者往生，謝國榮又要去收回輔具；或是輔具剛送到家門口，但預定使用者卻再也用不上了，他不曾埋怨，依然用心對待每一位申請者。

原本只是希望能延續物命並幫助弱勢家庭，因此而誕生的「慈濟環保輔具平臺」，幾年下來，卻陸續幫助了形形色色的家庭，也讓慈濟除社區關懷之外，增添了另一項服務管道。

認真扛病床　打拚做好事

1 資料來源：《慈濟》月刊六五二期〈運送、安裝、教學 幫到底的慈善精神〉、〈老闆扛病床 打拚做好事〉，陳麗安撰文。

昔日是商場上的業務高手，如今謝國榮是扛著環保輔具宅配的「雞婆」志工，他的「客戶」，就是一戶一戶的受助家庭，他說：「為了案家的笑容，我要更打拚一些才行！」

小貨車平穩地行駛在道路上，全神專注於前方路況的謝國榮，發揮年輕時當業務四處拜訪客戶練就的「找路技能」，不依賴衛星導航，也能熟練地穿梭在城市大大小小的巷內。

「喂，要申請輔具是嗎？晚一點將網路申請單連結傳給您，請稍等喔！」

一支手機、一輛貨車，就是他的行動辦公室，每天為了收、送環保輔具忙碌不已。一個上午手機就響了好幾回，時常一出門，沒到晚上回不了家，有時隔天一早，謝國榮又前往告

熱心的慈濟志工謝國榮穿梭在城市的大街小巷，給予案家最貼心的服務。（攝影／蕭耀華）

別式助念。

鬧不下來的個性，讓謝國榮混身充滿幹勁，主動出擊找事做，他認為這樣的人生，才有價值。

從小業務到創業有成

出生貧困家庭的謝國榮，家裡有十個兄弟姊妹，他對兒時的深刻記憶就是「吃不飽，穿不暖」。退伍後，謹記小時候對自己的期許：「做生意，改善家境」，因此，他選擇投入業務工作，銷售貴重的事務機器。

謝國榮投入精力拚事業，不斷學習與進步，甚至創業當老闆，事業有成後，因小時候的貧苦環境，使他對「艱苦人」感同身受，不忘做個手心向下的人，積極參加慈善服務。

「九二一大地震，是我第一次近距離接觸『慈濟』這個慈善團體，當時發現許多社區都很信任慈濟的師兄師姊。」跟隨慈善團體深入中部重災區，謝國榮看見志工在霧峰幫受災居民蓋組合屋，也希望能結合自身的建築背景幫助受災戶，因此主動聯繫慈濟臺北分會，牽起了他與慈濟的因緣。

行善平臺串聯資源

許多志工原本對於「慈濟環保輔具平臺」感到陌生，甚至顧慮：「若參加的話，會需要花費大量時間，影響其他訪視、環保等勤務。」然而在深入了解後，大家才明白環保輔具平臺其實可以是串聯慈善、醫療的平臺，也是能行善的平臺。

舉凡迫切需求、經濟弱勢、求助無門者，或是想善用環保物資愛護地球的人們，環保輔具平臺但凡有相關輔具可提供，一律來者不拒。

「有一次接到電話，是有人需要幫忙，我因為太著急，在停車場倒車時，車尾直接撞上柱子。」謝國榮笑著分享自己的「糗事」，這也可以看出他凡事親力親為、勇往直前的做事態度。

中年開始投入志工活動的他，衝勁完全不輸年輕打拚事業的幹勁。「收、送各式輔具，其實我已經進行了很多年啦！」

他回憶早期眼見一位慈濟志工以一部舊貨車，載著老媽媽，運送病床等輔具給需要的案家，讓他感動不已，心中發願：「我也要開始抬病床。」

從此他義務將二手輔具送到有需求的家庭。過去事業輝煌，為顧及面子，總要用進口車、名錶等配備來武裝自己；但在他從事社區訪視、人醫會義診及運送輔具等過程中，看過一次次的生死悲歡離合，有一天，謝國榮把愛車換成了小貨車。

有行動就有感動

如今烤漆斑駁的老車上，不是空著準備要去回收輔具，就是載滿消毒、維修過的輔具，謝國榮長年奔波各地，最遠還曾經從臺北送到屏東。

謝國榮於嘉義聯絡處指導志工如何拆卸、更換輪椅的輪胎。（攝影／王翠雲）

在宜蘭聯絡處，謝國榮向志工介紹電動床的結構及清洗的注意事項。（攝影／蕭耀華）

「慈濟就像是一個『行善平臺』，總是有許多機會可以幫助他人。」

謝國榮說，正是因為有這些實際行動與付出的機會，自己才愈做愈投入。他自嘲：「我這個人比較『雞婆』，能力範圍內，總是希望可以幫助更多人。」

二〇一七年起，慈濟環保輔具平臺在各地陸續成立，接單、維修、運送皆有志工分工投入，需求量也愈來愈大。不忍讓案家等待，只要收到申請需求，志工們會迅速接單聯繫，並且出車收送。

即便工作忙碌，謝國榮總是堅持將輔具親自送到申請者手上，因為深知輔具回收再使用，不但能減輕貧困家庭的負擔，也降低大地的負擔。

「更重要的是，能藉由平臺傳遞慈濟的溫暖。」看到申請者收到輔具後真誠的道謝、暖心的回應，這些都是支撐志工們繼續投入的強大動力。

感恩妻兒 長路繼續前行

長年投入的環保輔具流通工作，近年來終於被愈來愈多人認可與關注，謝國榮說，以後得更打拚些才行。

每日早出晚歸，行程須兼顧事業及志業，謝國榮不諱言，「太太當然希望我不要如此奔波，能夠多在家陪她。」他懺悔自己時常往外跑，讓妻子獨自照顧家庭，而每日匆忙的行

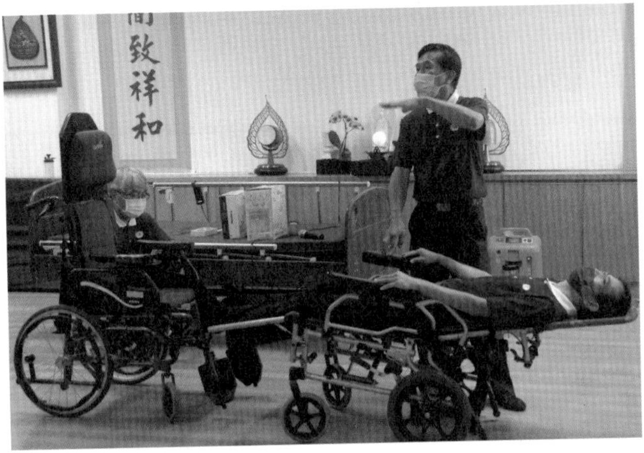

謝國榮在澎湖靜思堂介紹輔具使用方法，及示範空中傾倒式輪椅。（攝影／蔡秋對）

程，也讓妻女擔心了。

「但我不會後悔，因為很清楚自己在做什麼，真的很感謝妻子一路以來的支持。」一肩扛起沉重的病床，他又要再度出車。

卸下當年在商場上爾虞我詐的心防，謝國榮運用過往業務高手的專業，了解、掌握人們的需求並給予適時的協助。他以一顆柔軟而「雞婆」的心，投入慈善，使命必達。而在長照這條路上，慈濟志工真誠的態度、行善的動力和愛護地球的熱情，也將永續不止息。

多做多得 愛在輔具運行中

形容他「熱心腸」、「有責任感」或是「守護者」，都絲毫不為過。不時滑手機察看申請狀況，若收到通報隨即運作，幾乎時時處於待命狀態，這位是雲林環保輔具平臺的志工孫世海，他總是古道熱腸，為了協助有需要的家庭，全力以赴。

運送輔具也是一種慈善工作，往往不能等到假日才送；有時，一天有好幾個個案申請，需求甚急，但中壯年志工平日要上班，因此輔具團隊成員多半是較年長者，以及肩負重任的隊長。

「隊長」為慈濟組織架構名稱，肩上背負眾多勤務，時間上亦相當緊縮。當眼看其他團員奔波忙碌而調不出時間時，孫世海總會跳出來，自動補位。

家境貧苦 感念母親教導

　　孫世海這份助人的熱忱，或許與他小時候一段不為人知的環境有關。在他的人生過程中，有母親、妻子、女兒牽引著他，以及眾善知識成就他走上運送輔具之路，而影響他最深的是母親。

　　「小時候，父母離異，我跟著媽媽住外公家。外公的家在臺東鄉下，家裡很窮，沒申請電力，媽媽幫人種田，生活很苦。」他們身處在一個前不著村、後不著店的環境，沒有一戶鄰居。

　　每日打赤腳走路上學的孫世海，沒錢買鉛筆，撿人家丟棄的原子筆管削一削，把剩下短短的鉛筆塞在裡面，寫到不能用為止；放學後還要放牛吃草，回家天色已暗，只能點煤油燈

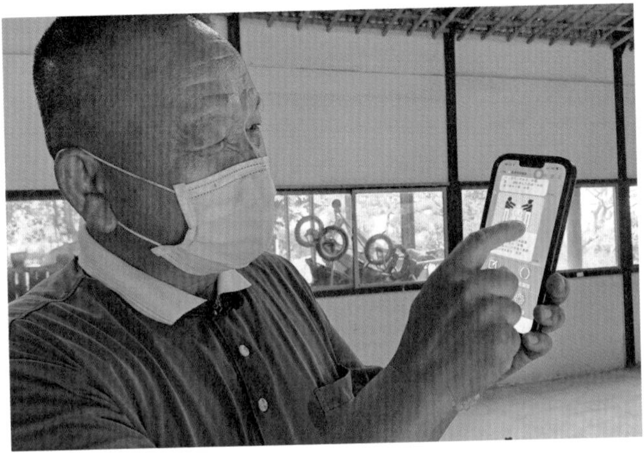

志工孫世海使用手機 APP 說明申請輔具的流程，案家只要填好申請資料，志工短時間內就會跟案家聯絡，並以最快速度將輔具送達。（攝影／吳婕盈）

照亮，常常無法完成作業。

功課沒寫完，隔天到學校，又被老師打，「我曾經被打到屁股、大腿、小腿都瘀青，很害怕上學，讓媽媽很心疼。」孫世海因而學業成績一直跟不上，更畏懼學習。

「進入慈濟，我聽到上人提及『甘肅省一公分鉛筆』的故事（來自大愛電視《地球的孩子：1公分鉛筆》影片），又想到自己小時候從刻苦生活中學會惜福，感受特別深。」也因貧苦的成長環境，造就孫世海有「喜愛助人」的個性。

他知道脫離貧窮，一定要上進，於是國中畢業後報考軍校。「媽媽教育我，受國家栽培，沒有花到家裡的錢，又有薪水可以領，因

楊玉梅因為做居家照護工作，個案也有輔具需求的因緣，而成就了先生孫世海承擔雲林輔具志工窗口。（照片提供／孫世海）

此更要懂得惜福助人！」母親這番話，他不曾忘記。

做得甘願 手心向下是福

他就讀軍校成績優異，一路升階，升為營長，在成功嶺上帶領學生。軍令如山，軍紀似鐵，也養成他剛毅的個性，「現在回想起來，以前脾氣不好，對學生很嚴格，幸好我後來有進慈濟。」四十八年次的孫世海，服役二十多年後，於二〇〇〇年六月退伍。

二〇〇一年初，當時承擔慈濟中壢區培訓幹事的四姊夫，拿來見習報名表對他說：「填一填，依表單日期去上課。」孫世海心想，自己長期服役，幾乎與社會脫節，所學的槍械修理、作戰計畫等職能，在社會上根本用不到，一定要找些事情做才行。

他摸摸頭，靦腆笑說：「沒想到，軍中修器械的功夫，現在稍微可應用在輔具上。」

收回的輔具，都要清消入庫，還要仔細檢查輪子是否能滑動，電動床馬達是否能啟動……若有問題就要維修，下次被需要時才能及時送出。

輪椅的輪胎硬了就汰換，孫世海蹲下換上全新輪胎，用抹布擦乾淨，沒幾分鐘完成。身壯怕熱的他，滿頭大汗說：「輔具入庫前都有清潔過，但送出時仍要擦拭，才能讓人用得舒舒服服。」

說完，從車上拖出一疊床巾，「這是我帶回家洗的。太太忙於居家照護工作，所以都是我自己做，洗好曬曬太陽再噴清香劑，用照顧家人的心做，凡事做得甘願，就不感覺辛苦。」

以前在軍中，孫世海換下的衣服有人洗，皮鞋、皮帶釦也有士兵擦得亮晶晶，被服侍慣了；如今退伍，必須學習放下身段，回歸平淡生活，什麼工作都要會做，才能適應現實的生活。

「曾聽到許多軍官退役下來後，心境未調整，閒在家裡很快退化，沒多久就往生了。」他腦海也浮現母親叮嚀要幫助人的話語，因此接到見習報名表的那一刻，二話不說立即參加。隔年二〇〇二年，他在桃園受證慈誠，二〇〇三年妻子楊玉梅受證，接著在二〇〇四年，孫世海受證委員。

及時孝親 不做後悔之事

一旦善念被啟發，打開心門點亮心燈，這條菩薩道可以走得既寬又廣。孫世海培訓時，到花蓮慈濟醫院當醫療志工，體悟生老病死，把醫院當成修行道場；為了能更扎實地服務病苦，受證後，他承擔慈院志工幹事，一年當中，回花蓮慈院做志工多次，甚至到玉里慈濟醫院支援，也勇於承擔慈院志工講師。

行善行孝，是證嚴上人要弟子們做到最基本的事。孫世海在醫院熱心服務人群，在家則孝順母親：「我有四個姊姊，是唯一的男孩，媽媽跟我住，孝養媽媽是我的責任！」

孫媽媽九十歲罹患帕金森氏症，頭部、雙手不斷抖動，嚴重到無法自己吃飯。每天陪媽媽吃早餐是孫世海必做的功課，拿起湯匙慢慢一口一口餵媽媽吃粥，「把握媽媽的餘年相處，讓媽媽感受有兒子陪伴的溫馨，將來我才不會後悔。」

孫媽媽往生的前半年得了失智症，後來連自己的兒子幾乎不認得，「很感恩我家師姊，照顧我媽媽很辛苦。」妻子楊玉梅照顧婆婆無微不至，但到後來仍需要輔具幫助，體力才能負荷得了。

那時，慈濟還沒有環保輔具平臺，但中壢區已有回收二手輔具，孫世海找負責的彭振維幫忙，「感恩彭師兄及時送來病床、輪椅借用，減輕媽媽的痛苦與不便。」

回憶母親的病況，孫世海語氣沉重地說：「我來到雲林，從太太照顧的個案中，看見很多老人家需要輔具，再想到自己的母親接受這樣的幫助，受益良多，我一定會竭盡自己的心力來做這件事！」

成為窗口 雲林輔具開跑

母親走後不久，二〇一七年因女兒嫁到雲林縣古坑鄉，孫世海全家搬離桃園市中壢區，一起來到古坑定居，成為雲林人，才有因緣在雲林深耕。

妻子擔任居家照護工作，個案常有輔具需求：「我的個案行動很困難，需要輪椅，幫忙找找吧！」「好，這是讓我服務的機會，當然沒問題！」

妻子要他尋找輔具，他第一個想到的，就是回桃園去找熟識的彭振維借用；從此，他經常在雲林與桃園之間來回往返。

「彭師兄是桃園的窗口，看到我這樣跑來跑去，建議我在雲林成立環保輔具平臺，比較方便。」來回幾趟之後，孫世海覺得發揮愛心須更有效益，便將環保輔具系統、申請借用的運作，帶回雲林推動。

二〇二〇年五月孫世海提案，說明緣由。大家聽了一致贊同表示：「這勤務不只環保，又可減輕案家的經濟負擔，是給需要者很好的福音。」並共同推舉孫世海為窗口。

為方便鄉親，孫世海與志工很快地在同年七月籌備，九月成立「雲林環保輔具平臺」連結環保志業，二〇二一年元月正式運作，隸屬中區。

不辭辛勞 造福有需要者

一開始，雲林沒有現成的輔具，也沒有庫房，仍得到桃園、草屯尋求資源。若有回收，需載到草屯洪錫財的倉庫，由他進行清潔消毒及維修；清消整修後，才運到黃裕仁家的庫房存放，也是在草屯鎮。

雖流程繁複，孫世海說：「因為這是要給人使用的，不但要可用，還要用得安心，我們再辛苦也值得。」

接到勤務後，他們開著一千二百CC的小貨車上路。車子是基隆吳文讚發心贈送；他出生雲林，因此贈一輛小貨車回饋故鄉。當輔具數量漸多，再搭配斗南環保車一起出動，由志工林銘鴻當司機兼搬運手；後來又有志工趙昌聖、宋麟祥加入，默默付出。

電動病床、氣墊床很重，有百公斤以上。林銘鴻是孫世海的最佳幫手，兩人不辭辛勞，最遠曾送到臺南；同時教導案家如何使用，提升他們的照顧品質，也能促進患者生活自立。

不久，平臺做出口碑，輔具需求量遽增，

基隆環保輔具平臺志工吳文讚出生雲林，發心贈一輛一千二百CC的小貨車回饋故鄉，讓志工造福人群。（攝影／葉晉宏）

不再只是少數幾個人可做的事情。二〇二二年，他們將慈濟雲林聯絡處荷花池旁挪出一個空間作為輔具庫房，算是小有規模；七月成立志工團隊，由案家的在地志工配合運送，希望讓助人的愛心更加便捷有力！

盡心盡力 讓長者能安心

「環保輔具平臺也是修行法門之一，服務對象大多不認識，從他們身上讓我學習慈悲，能做便是福。」其中，讓孫世海體悟最深刻的是，接到長照機構通報一件老人照顧老人的個案。

一位八十歲體弱的老太太，由先生照顧，先生歲數比她多，也扶不動她；家中只有兩

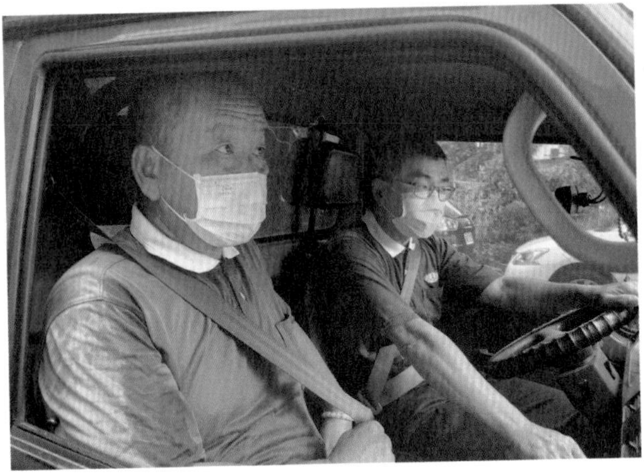

志工人力有限，收送時也常遇到無法預期的困難。趙昌聖開車載孫世海運送之後，又要前往南投環保輔具平臺庫房載回輔具。（攝影／張如容）

老，他們的兒子十多年前意外往生，女兒嫁到其他縣市，離家遙遠。

老太太喘得很厲害，無法睡在床上，一天二十四小時都躺在藤椅上過日子。當接獲此通報，他趕快聯絡北港區志工，立即送達，也請訪視志工同行關懷了解，回來開案。

「志工及時送輔具幫助，減輕病患的痛苦。」這位老太太兩週之後便往生了，但是起碼，這兩週讓老太太可以躺下好好睡覺。或許她也是因為心安，放下了而離苦得樂。雖然這幫助沒能持續很久，慈濟已與她結下善緣，之後電動病床又載回來了。

如今平臺運作已上軌道，二〇二三年起孫世海開始承擔斗南和氣隊長，將雲林環保輔具

孫世海與第二任窗口趙昌聖（右）合作扛起電動病床，要送到法親家。（攝影／張如容）

平臺窗口傳承給趙昌聖，「上人說幹部卸任並不是放手。」現在除了陪伴，他也與趙昌聖一起因應當前各種狀況，共同進步。

能夠過著「多做多得」的日子，是一種福氣，孫世海慶幸因妻子、女兒的牽引，在眾人成就下，成為第一任雲林環保輔具平臺窗口。窗口傳承後，他仍幫忙輔具運作，這股善的能量得以持續延伸社區，讓臥病在床、行動不便的患者，因有輔具的支撐，能安養歲月，生活得更有尊嚴！

土城輔具團隊 從神力女超人開始

有沒有看錯啊？眼前搬輔具病床的是兩位女生，這一般不是男眾的工作嗎？案家兒子一看到是兩位女生將沉重的電動床搬上四樓，臉上瞬時露出尷尬的表情，當下覺得非常不好意思，很自責沒有下樓幫忙，同時表示病床是媽媽需要的……

新冠肺炎疫情期間，人力極度缺乏，邱瓊尼和蕭秀珍隨著慈濟環保輔具運送團隊出任務，要送病床到公寓四樓。開車的謝國榮因為剛接種疫苗，手臂無力；就這樣，兩位女生使盡全身力量，汗流浹背地將電動床搬到樓上，宛如女超人現身。

看見需要 女性勇於承擔

因人口老化，新北土城輔具的需求也隨之增加。長年投入環保輔具服務的謝國榮，邀約邱瓊尼和蕭秀珍隨車，想讓她們了解環保輔具服務到底是在做什麼？原本只是邀請她們做接單及通知的工作，沒想到……

「有輔具需求者，幾乎都是急需幫忙的家庭。」從參與運送的過程中，邱瓊尼與蕭秀珍看見輔具服務的重要性。體會其中辛苦，也感受到案家的需要，兩位「女超人」決定承擔起土城輔具的服務工作。

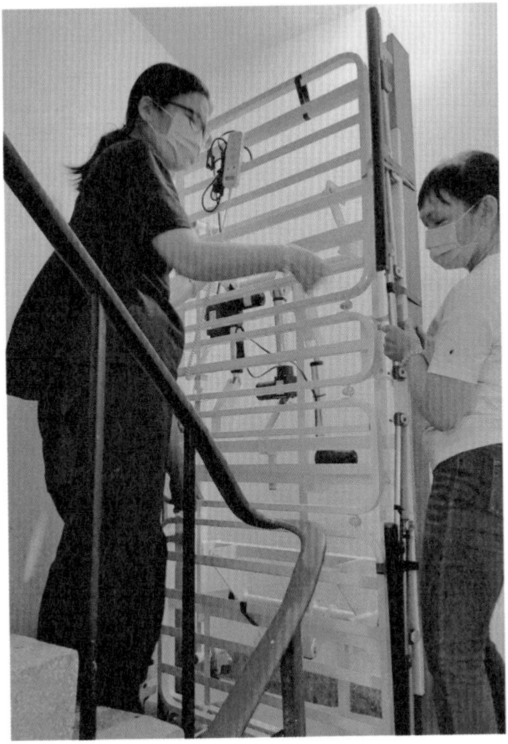

新北環保輔具平臺土城據點志工邱瓊尼（左起）和蕭秀珍，兩位堪稱神力女超人，合力將電動床搬到樓梯很窄的四樓公寓。（攝影／謝國榮）

「慈濟環保輔具平臺」透過將別人不用的輔具回收，經過整理維修，再送給需要的人，除了落實環保理念，也可走入病患家，讓他們除了得到需要的輔具之外，還多了一分慈濟志工的愛與關懷。

為了使土城需要輔具的大德多一個可以快速取得輔具的管道，於是有了土城輔具團隊，邱瓊尼說：「我覺得就如上人講的，『有心就不難』，雖然我們是女眾，我們還是有力量的；其實這工作沒有想像中的困難，就是要掌握一些訣竅。當然，如果今天有男眾志工，我們團隊的力量還會更大。」

從被需要的感覺　看見存在的價值

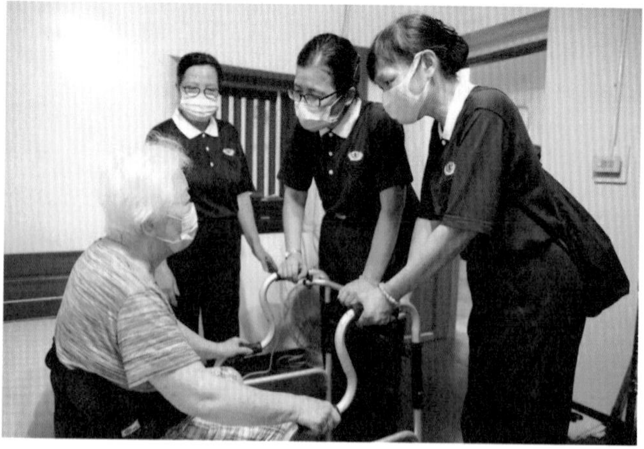

邱瓊尼（右二）和蕭秀珍（右一）送輔具到案家，同時關懷老人家，噓寒問暖話家常。（攝影／葉晉宏）

女生的體力畢竟有限，邱瓊尼和蕭秀珍開始討論要找什麼樣的人進來；黃明文是她們首先想邀約的人，因為他會開車。沒想到黃明文二話不說，馬上答應她們的邀約。後來她們發現，還真是找對人了！黃明文比她們想像中更優秀，他的太太黃錦萍也是志工，兩位都相當樂於付出。

黃明文以前是作牙科器材生意，曾隨一個「波羅蜜義診團」作牙科義診，因此有一臺貨車；他很有愛心、人緣又好，夫妻倆在團隊中將個人的優點全數發揮出來，讓邱瓊尼和蕭秀珍深感挖到寶了，並將土城輔具團隊的負責人改為黃明文，因為他是更有能力承擔責任的人。

有一次送輔具時，案家聯絡不易，好不容易聯絡到了，卻說她在上班，但是她又急需輪椅。黃明文猜想：「這應該是有點困難的家庭。」當輪椅送達對方時，他看了不禁心酸，原來案家女主人一天要上好幾個班，才能維持生計，難怪連絡困難。女主人很感恩，並說：「這樣我就可以減少開銷了。」看到她為生計愁眉苦臉的模樣，黃明文不禁在心中想著：「還好！我今天晚上送到了。」

投入輔具區塊，讓黃明文深刻體會到，當案家有輔具需求時那種被期待的感覺，彷彿自己的存在也更有價值及意義了。

從此有專屬的家

為了讓土城輔具團隊能了解輔具清潔、消毒及維修的工作，謝國榮邀約大家到他放輔具的地方去學習。那是謝國榮在三峽租的倉庫，專門置放輔具用，空間不大，裡面堆滿了輔具。就在倉庫大門外面，大家開始整理輔具。

志工們一一將輔具搬到門外，提水、拿抹布，就在大太陽底下，努力做起清消的工作。太陽的熱度使柏油路面熱到發燙，大家還是盡心盡力地為輔具做清潔。雖說這裡靠近山邊，車輛較少，但偶爾還是會有車子經過，多少都會影響別人的出入。

經過兩三次的清潔整理後，黃明文覺得這樣非長遠之計，於是大家商量著是不是與三峽志業園區協調，看看那裡有沒有地方可以置放這些輔具。透過志工王松的協調，終於將這些輔具定位在三峽園區老舊寮房的區塊，讓土城團隊從此有了一個真正的家。

邊做邊整出隊形

李素蘭承擔土城團隊的接單工作，一有需要，立刻將訊息放到輔具團隊群組裡，運送人員會馬上進行了解，看是否有需求中的輔具。若有，他們就接單聯繫運

天氣炎熱，太陽的熱度使柏油路面發燙，黃明文正滿身大汗為背躺式站立架更換馬達。（攝影／黃錦萍）

送；若沒有，也會即刻告知案家，請他到政府的輔具中心申請。

在土城輔具團隊試營運期間，志工都是和謝國榮送輔具，從參與中慢慢學習。幾位有心的志工，依自己的能力開始分工，由林金城負責輔具運送組；為了更快速送達，他會將一些常用的輔具放在家裡，如輪椅、拐杖、四腳助行器，一有需要，馬上可送達，節省往返土城與三峽園區的時間、人力。目前經常參與機動運送者，有黃柏翰、陳宜常、李昌均、陳志明等人。

輔具清潔消毒是很重要的工作，每週會定期進行，除了輔具團隊的邱瓊尼、蕭秀珍、許月秋、高玲莉等固定班底，也會邀約其他有興

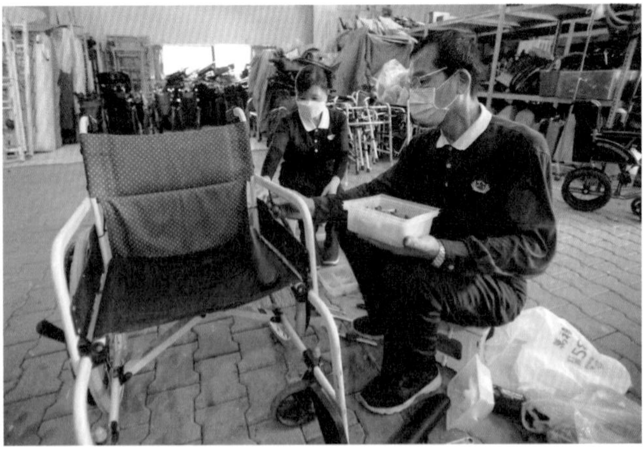

林金城與吳素京夫妻檔，自土城輔具志工團隊成立之初，即投入維修及運送的行列。（攝影／黃明文）

趣的人參與。香積生活組也是必要的編制，目前由黃錦萍負責。大家邊做邊整隊，人力有限，許多事情則是團隊相互支援兼著做。

拆解重組 物盡其用

送輔具也會碰到諸多考驗，黃明文分享，有一次大家約好去搬輔具，那天恰巧下大雨，沒辦法，大家就穿雨衣，結果雨衣濕了，衣服濕了，身體也濕了；回程，大家雨衣沒脫就跳上卡車，直接開到三峽輔具倉庫。

當時輔具有很多灰塵汙垢，又髒又黑，搬來搬去，手套都弄到非常髒，大家就想放在外面，讓大雨稍微淋一下，再來清洗。「當下大家就是善解，說『你看這麼好的因緣，老天爺還幫我們清洗，淋過雨的輔具變得比較乾淨。』雖然志工們渾身濕透，身體髒汙狼狽，大家內心仍充滿法喜。」黃明文感動說道。

當運送團隊把回收的環保輔具帶回來，有些非常髒，可能曾經放在外面經過日曬雨淋，或是它已被使用很久，相當破舊。志工們總是想辦法把它清潔乾淨，即使有破損、故障或壞掉的，也要試看看能否挽救。譬如便盆椅若是有破掉，就拿它的墊子去找看看有無類似的墊子可替換，拼拼湊湊，看可否拼湊成一個完整，可以使用的便盆椅。

「這個為什麼推不動？」便盆椅也可以當作洗澡椅來用，有時候使用者會推到浴室，讓患者坐著洗澡，輪子多少會卡一些頭髮；久了之後，輪子可能會推不動，因為被卡住了。這時候案家便常向謝國榮求救，他會教大家怎樣把裡面的頭髮夾出來。

有些輪椅使用久了，會有比較多的汙垢，其實不是很好刷洗，要想辦法用很多清潔用品刷乾淨。剛開始很困難，有時候刷完當下，因為上面有水珠，看起來是乾淨的，但是等水乾了，看起來又不乾淨。最後，還必須用鐵刷或菜瓜布，針對生鏽的部位再刷到亮。

有了輔具團隊，所有回收的輔具，都能物盡其用；當輔具無法修理時，也會將它所有可以再利用的零件，全部拆下來，供其他輔具使用。例如輪椅用到不能用時，有時三臺變作一臺；即使拆到完全不能用，剩餘的鐵架累積到一個數量，還能賣一些錢補貼團隊運作。有時需要新零件，例如輪椅的輪胎，大部分志工會自掏腰包購買。

總言之，為了物盡其用，大家都是發心出錢又出力。

除了回收輔具，他們有時也會順便回收紙尿褲。許月秋經常去輔具倉庫值班，她的工作，是將不同尺寸的紙尿褲作分類，放在固定位置；有人需要紙尿褲時，她

黃秋蘭學習輔具維修，幫電動床鎖緊螺絲。（攝影／黃明文）

就騎腳踏車幫忙送去。

若有會員需要輪椅，許月秋就上平臺協助申請，等會員身體好了之後，輪椅就還給輔具團隊，還回捐一千元善款到慈濟醫療志業；只要案家有需要，且腳踏車能載送、能到達的，許月秋就會親自送達。

蕭秀珍負責每個月輔具倉庫值班表排班，以及輔具建案統計。依據她的統計，土城輔具團隊自成立以來，每年接單約有五百件左右，有時一天多達七、八件。對團隊而言，能讓回收的輔具，透過維修、整理、清潔、消毒，提供給有需要的人，延長物命，發揮最大的功用，同時又能幫助案家節省花費，是環保輔具服務最大的功能與價值。

慈濟人文是無私的大愛，無所求的付出，同時還要感恩。而輔具服務對慈濟人來說，是最直接地面對苦難者，也是最直接的拔苦予樂及利他服務，同時回報到志工身上的，也是最真誠的感受，最美的笑容。

開菩薩車 轉送大愛輔具

「上人啊！他們叫我要向您報告送輔具的心得。我覺得拿起這支麥克風講話，比搬輔具床上五樓還要重啊！」

二〇二二年底，上人歲末祝福行腳新店靜思堂，與北區環保輔具團隊溫馨座談。當一向踏實做慈濟，卻個性木訥的鄭麗郎被通知要向上人分享時，他很早就手足無措地在焦慮等待這一刻了。當這天如實到來，他一開口就坦誠向上人招認。

慈祥的上人還是用親和、溫暖的神情，不斷鼓勵鄭麗郎，讓他愈說愈歡喜，愈說愈流暢。因為他是「說我所做，做我所說」，真正的親身體驗，見苦知福，自然表達順暢無阻！

好因緣 從當下承擔做起

在新店環保輔具據點還沒成立之前，若會眾有輔具需求，都是由別區團隊來承擔：文山地區由大安區志工幫忙運送；基隆團隊負責平溪、石碇還有深坑；新店及烏來則由雙和區志工承擔。

二〇二〇年某日，新店合心志工吳昆池提出，新店也應該成立輔具團隊，問鄭麗郎可不可以承擔？愛做慈濟事的鄭麗郎一口答應，因為有幾位男眾好法親應許全力相挺，如林桂萬、邱瑞興、傅永淦、林百安、周世華等，都是他背後最堅強的後盾。

團隊在大環境艱難的新冠疫情中成立，他們突破困難，把輔具送達最需要的案家，解決人們病苦的需求，兩年多來也已送出一百多件！

新北環保輔具平臺新店據點志工鄭麗郎體恤生病者與照顧者的辛苦，送輔具解決他們病苦的需求，家屬十分感動。（攝影／鄭春燕）

每位案家背後 都有一頁故事

與上人溫馨座談時，鄭麗郎分享了寶安街李姓案家的故事，「案家的二女兒本來就是長照二點〇的用戶，後來二女兒走了，如今照顧年邁雙親的是小女兒；小女兒有醫療背景常識，也知道向慈濟求助。」當她打電話給慈濟長照中心據點告知需求時，行政同仁很熱心地給她輔具團隊的電話，於是輔具團隊就接手了。

鄭麗郎第一次去探勘場地時，發現是李小姐一人與外籍移工在照顧生病的媽媽與爸爸，一個體重八十多公斤，一個九十多公斤，而且母親開始長褥瘡了，她和外籍移工搬不動；焦急的李小姐情緒近乎失控，不斷地拜託輔具團隊趕快幫忙移動。

鄭麗郎知道眼前的案家急需電動床，於是聯絡好團隊一起共善。出發前，因為氣墊床充氣至少要半個小時以上，於是團隊先在新店靜思堂地下二樓充飽氣後，再一起送去；到達後，則幫忙移動老菩薩舒適地睡在床上。看到案家露出寬慰的笑容，團隊感覺所流的汗水都不算什麼了。

每次去看案家，鄭麗郎都很不捨。熊先生因為在工地中摔落，腰椎受傷，曾住臺北慈濟醫院開刀。他說第一次去看熊先生時，問了護理師，護理師告訴他案家非常需要高背輪椅，團隊就趕快送過去。

事後多次關懷使用輪椅情況後，熊先生說了他的故事。受傷前，他曾是榮民工程事業管理處（簡稱榮工處，現改制為榮民工程公司）的工程師。現在住的房子是他結婚時買的，太太往生後，被女兒過戶在她名下；如今女兒想要回房子，希望他去住安養院。目前他獨居在新店區建國路慈濟醫院旁的五樓公寓，星期一到五，有居服員來照顧，買便當給他吃，假日則只能吃泡麵。

第一次團隊送一般輪椅、便盆椅給他時，熊先生裸身躺在地板上，因為腰椎受傷，手也不方便，無法自行站起來，跌倒後只能躺在地上，團隊看得很是不忍。

第二次，傅永淦與鄭麗郎送高背輪椅去，他們扶著熊先生坐上高背輪椅，並且幫忙調成傾斜近平躺時，熊先生哈哈大笑說：「好久沒有躺平了，真是高興得不得了。」

關懷陪伴中 感受需求者病苦

軍職退伍的傅永淦，外表總是一副雄糾糾、氣昂昂的模樣，加入慈濟參與骨捐宣導、訪視關懷、主持讀書會、社區環保等等志工後，也變成了一位幽默、柔情的鐵金剛。在與案家互動中，他體會了需要輔具人的病苦。他說：「之前我岳母也是脊椎受傷沒辦法起身，我家師姊照顧得很辛苦。現在，我更能體會其中的不容易了。」

如今，經由運送輔具的過程，傅永淦想到病人的心情，如果有輔具解除他們一些痛苦，給他們一些喜樂，就覺得很有意義及價值；「我們也感受到照顧案家的親人很辛苦，假如有輔具幫助，他們可以更輕鬆。當輔具送給案家時，看到案家很開心，我們也無比歡喜，且更有力量持續在這一塊努力下去。」

離開熊家，鄭麗郎與傅永淦二人走回新店靜思堂，將熊先生處境提報給社工，如今已列入慈濟的關懷個案，訪視志工持續關懷陪伴中。

溫馨 出糗 插曲一籮筐

每個團隊送輔具的過程中，無論溫馨或出糗的插曲，都是說不完、道不盡。

例如，志工們最怕遇到案家所住的樓梯狹窄。這些生手剛開始真是吃足苦頭，一遇到狹小的樓梯，搬運中有人撞到牆角、有人壓傷手指，甚至還有人撞到腿腳瘀青……

傅永淦說：「病床真的很重，在搬運過程中，安全尤其重要。剛開始每個人都有意見，有的建議直地搬，有人要橫著搬，大家都沒有磨合好，產生很多燒腦的問題。做了一段時間後，大家統一聽從鄭麗郎的口令，就愈來愈知道怎麼搬，團隊的默契就逐漸建立起來了。」

總是默默在一旁微笑聆聽的鄭麗郎，這時忍不住說出了一件不敢跟上人報告的糗事：「有一次，我和林桂萬、傅永淦、邱瑞興四個人，把一張電動床載送去福園街；當我們滿頭大汗地送上四樓安置好後，嘿嘿嘿！無法正常使用！原來電動床竟然壞掉了！我們只好又抬下樓，回靜思堂再換一床，重新滿頭大汗地送上四樓！」

據說平日勇壯的「四大金剛」，當天只能哀哀叫、相當狼狽，因為大家的體力都耗盡了。

二〇二三年，在疫情漸緩的四月天，鄭麗郎、林桂萬二人一早就到二十張路及寶興路回收兩車的電動床、輪椅等輔具，載到新店回靜思堂地下室。中午兩人再送輔具到中興路，這次案家是鄭麗郎的鄰居。鄭麗郎與太太李近，平日在社區總是敦親睦鄰、守望相助。鄰居知道他們是慈濟人，有什麼需求會來告訴這對夫妻，多能如其所願，也樂於參加夫妻倆帶動的環保資源回收。

這一次鄰居申請電動床，鄭麗郎特地邀請鄰長及社區協會的志工，一起幫忙搬輔具，也讓鄰居知道慈濟的慈善行跡。

當載送輔具的車子停在巷口，立刻有一群穿著粉紅色背心的志工圍過來，有人拿床板、有人拿床墊、有人拿便盆，大夥七手八腳地幫忙搬電動床；其中有二位年輕人是信義房屋的房仲人員，剛好帶人來看房子，鄰長也邀他們留下來幫忙。無論相識或不識，在每一張助人

（左起）鄭麗郎與邱瑞興、林桂萬三人默契十足，造福上百個家庭，謹記「苦難的人走不出來，有福的人要走進去」，做就對了。（攝影／黃世湄）

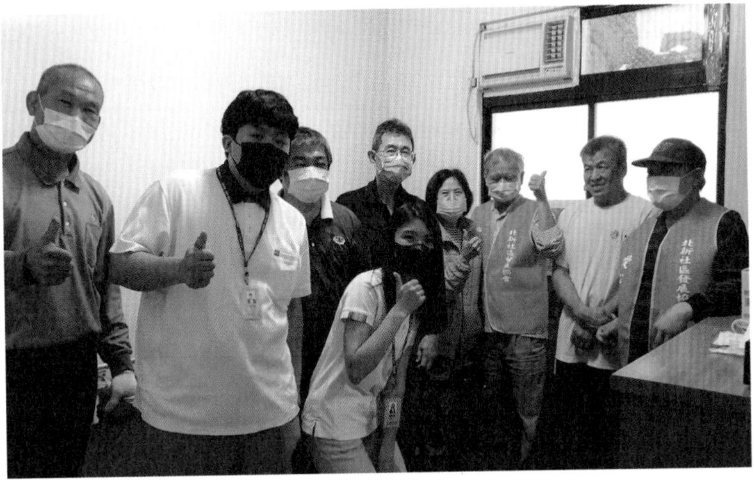

這次鄰居申請電動床，鄭麗郎特邀鄰長及社區志工一起幫忙搬，也讓鄰居更認識慈濟。每一張助人的臉上，都洋溢著善良的微笑。（攝影／鄭春燕）

的臉上，此刻都洋溢著燦爛的笑容。

共同心願 歡喜做慈濟

鄭麗郎與太太李近，於二〇〇五年一起受證成為慈濟的慈誠委員。鄭麗郎出生彰化縣芳苑鄉王功漁港，家境清寒，國中畢業後即北上工作；李近出生自南投中寮鄉，九二一地震時，李近娘家的房屋受損、幾乎全倒，曾接受慈濟救助每戶五千元慰問金，深受感動。日後只要看到慈濟人，就發願也要像他們一樣做志工。

兩人婚後北上，在臺北市鄭州路作襪子批發。當時有位書法志工衣雲，每次到中興醫院收功德款前，總是到他們店裡買襪子要送會員，於是夫妻倆主動要求加入她的會員。

不擅言語的鄭麗郎，不愛賺錢，卻愛做慈濟。他們的鄰居多為批發商，批發商的紙箱最多，鄭麗郎便乘機回收鄰居的紙箱到八德環保站；除了幫忙做環保，他有空就開環保車載回收。李近則努力做生意，賺錢存錢，終於在新店區買下自己的房子，回歸新店做慈濟。

育有一兒一女的夫妻同修，如今收起生意，清簡過日，專心做慈濟。鄭麗郎走過的慈濟足跡有骨髓捐贈宣導、培育幹事、協力、互愛隊長等幹部，現在是協助新店二和氣，擔任副隊長。

搬運病床相當耗費體力，志工吃苦當作吃補。能夠延續物命又能予樂拔苦，為案家解憂，他們就很開心。（攝影／鄭春燕）

新冠疫情嚴峻期間，夫妻倆一起承擔臺北慈濟醫院的防疫志工。二〇二二年八月六日，上人與北區新店、板橋、三重靜思堂的疫苗志工團隊連線溫馨座談時，合心陳淑女特別稱許鄭麗郎，會主動為大家煮本草飲、準備中餐水果，還會送餐盒、倒垃圾、洗碗盤，是個看到有什麼事就去做的「補位達人」。

一直投身在視聽組的李近表示，難得有因緣和先生一起同功能做慈濟，有共同的話題；因此，每當結束一天的勤務，兩人回家路上聊的都是防疫接種站的種種愛的示現。她覺得先生很了不起，因為他以前從來沒有做過這些事，如今卻能做得歡喜自在。李近更感恩團隊給他們這塊大福田來耕耘；如今夫妻倆身體健

（左起）鄭麗郎、林桂萬、邱瑞興身後的貨車，是新店慈濟志工張樹芬提供給團隊運送輔具的專車，及時載送慈濟人的愛與關懷。（攝影／黃世湄）

康，能來做防疫志工，是無上的福報。

靦腆的鄭麗郎，還有小小的心願要表達。他首先感恩新店一和氣組長張樹芬，提供團隊一部運送輔具的專車，讓輔具的捐贈者與需求者，透過這部菩薩車，及時載送慈濟人的愛與關懷。再者，他期許新店有專用的場地，招募更多志工為回收輔具作維修與清理。三者，期待訪視團隊的加入，透過事前理解、事後愛的接力關懷，將慈濟完整的愛，傳送給需要幫助的案家。

最後，鄭麗郎說道，自己做慈濟的心很單純，不會想太多，他都遵守上人教導的「普天三無」——「普天之下，沒有我不愛的人，沒有我不信任的人，沒有我不原諒的人」，在做慈濟中體會微塵人生，更要發揮自己的奈米良能。

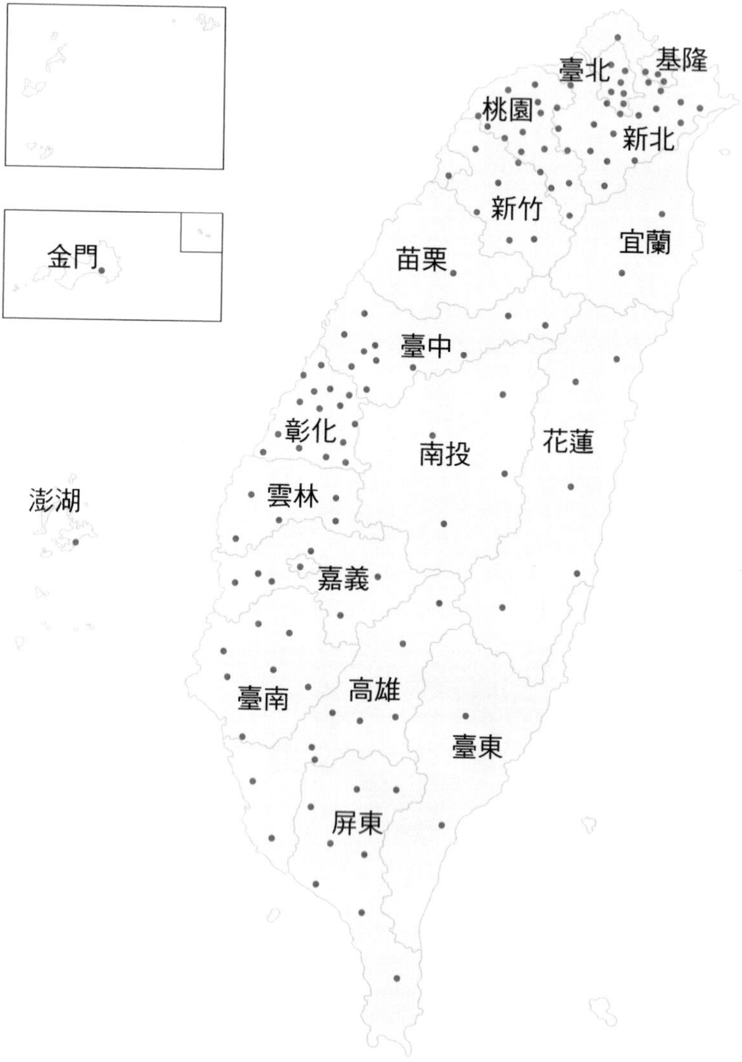

環保輔具平台

慈濟環保輔具平臺

暨據點分布

全臺灣一縣市一平臺，各平臺依志工量能設置據點，
截至二〇二三年十一月共有一百二十九個據點，就近服務鄉親。

- 臺北：8
- 新北：15
- 基隆：5
- 桃園：16
- 新竹：6
- 苗栗：1
- 臺中：12
- 彰化：15
- 南投：4
- 雲林：5
- 嘉義：7
- 臺南：7
- 高雄：9
- 屏東：8
- 宜蘭：2
- 花蓮：5
- 臺東：2
- 金門：1
- 澎湖：1

附錄二 我想申請慈濟環保輔具！

慈濟環保輔具 LINE@操作流程

步驟一

加入好友

點選 加入好友

掃 QRCODE

點選 加入

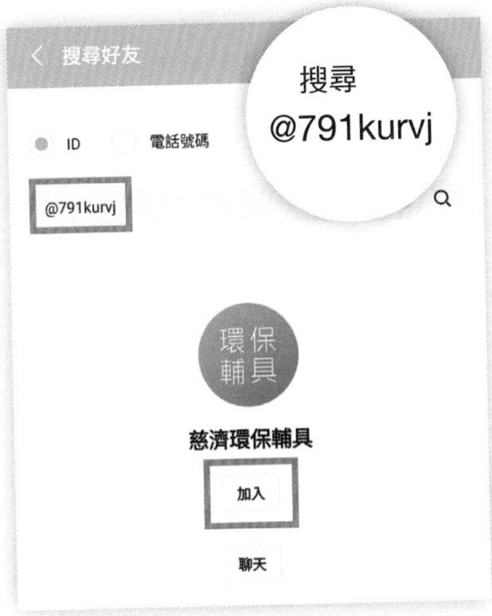

搜尋好友

步驟二

個資規定

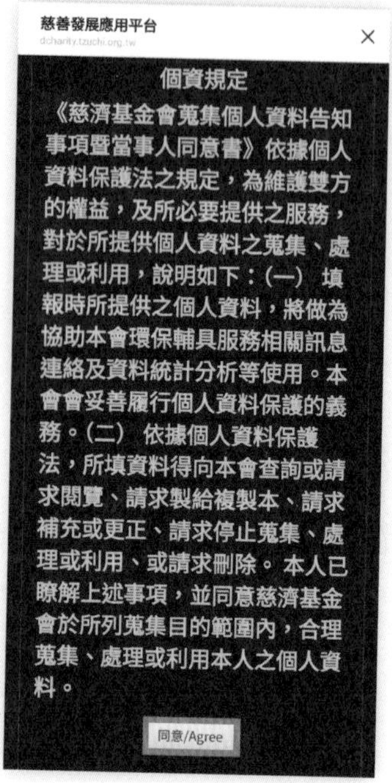

輔具申請

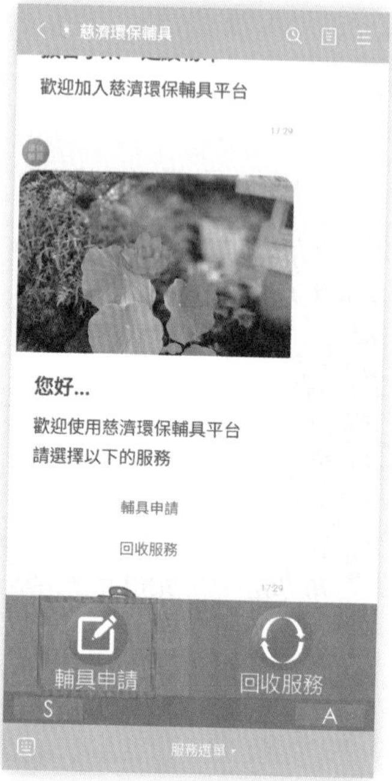

也有回收服務唷！

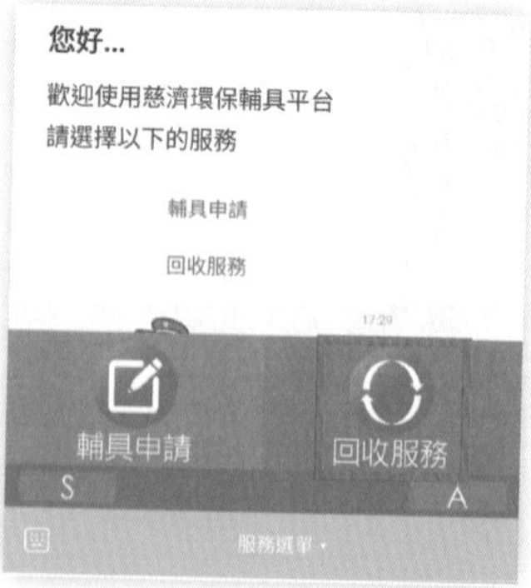

步驟三

填寫表單

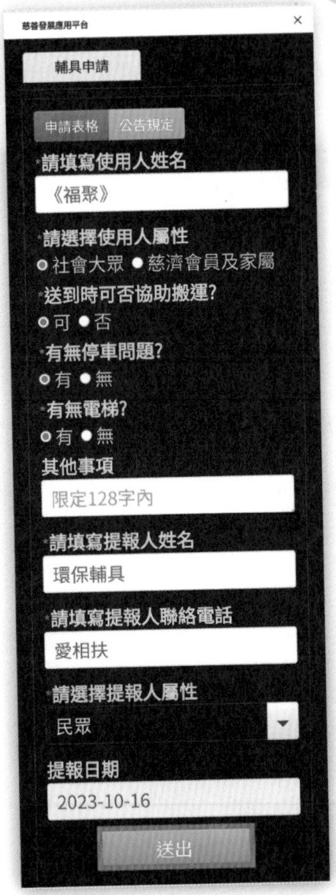

進度追蹤

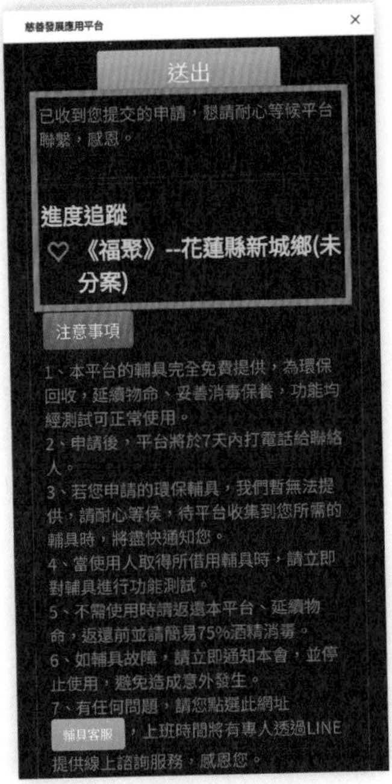

慈濟環保輔具平臺自二〇一七年三月成立，截至二〇二三年十一月，六年多來共動員志工十萬六千四百四十人次，累計關懷四萬六千零九十一戶家庭，送出七萬零五百九十二件輔具。

電動病床／病床

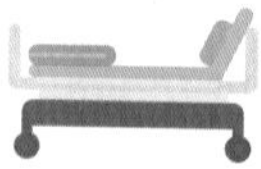

15,550

噴霧化痰機

675

電動代步車（輪椅）

332

抽痰機

2,078

製氧機

2,019

氣墊床

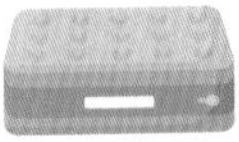

6,816

特殊（高背）輪椅

2,716

一般輪椅

15,128

四腳手杖／單腳手杖／拐杖

10,081

其他輔具

6,110

ㄇ型四腳助行器

6,046

便盆椅

8,537

福聚
環保輔具愛相扶

作　　者／慈濟人文真善美志工
作者名錄／文翊樺、江孟樺、吳秀玲、吳珉珠、李老滿、李明霂、李瑞琴、汪瑞娟
邱泓宸、邱智慧、邱麗敏、林正宇、林玉碧、林香秀、林惠芳、施金魚
袁淑珍、陳金枝、陳怡霖、陳美鳳、陳淑貞、陳麗安、陳麗英、張小娟
張玉美、張如容、張翎慧、許秀月、許惠雯、許麗珠、章麗玉、郭碧娥
黃怡慈、黃湘卉、黃麗珠、曾秀旭、曾修宜、詹大為、楊慧盈、溫燕雪
廖玉茹、廖佩珍、蔡翠容、蔡黎旭、劉淑貞、鄭春燕、蔡麗莉、蕭惠玲
蕭靜雯、簡毓嫺、羅月美
策畫指導／顏博文（慈濟慈善基金會執行長）
總 策 畫／何日生（慈濟慈善基金會副執行長）
企　　畫／呂芳川（慈濟慈善基金會慈發處）、賴睿伶（慈濟慈善基金會文史處）
協力作者／黃湘卉、吳永佳、吳中宏、林厚成
責任編輯／吳永佳、沈昱儀
美術編輯／申朗創意
企畫選書人／賈俊國

總 編 輯／賈俊國
副總編輯／蘇士尹
編　　輯／黃欣
行銷企畫／張莉滎、蕭羽猜、溫于閎

發 行 人／何飛鵬
法律顧問／元禾法律事務所王子文律師
出　　版／布克文化出版事業部
台北市中山區民生東路二段 141 號 8 樓
電話：(02)2500-7008 傳真：(02)2502-7676
Email：sbooker.service@cite.com.tw
發　　行／英屬蓋曼群島商家庭傳媒股份有限公司城邦分公司
台北市中山區民生東路二段 141 號 2 樓
書虫客服服務專線：(02)2500-7718；2500-7719
24 小時傳真專線：(02)2500-1990；2500-1991
劃撥帳號：19863813；戶名：書虫股份有限公司
讀者服務信箱：service@readingclub.com.tw
香港發行所／城邦（香港）出版集團有限公司
香港灣仔駱克道 193 號東超商業中心 1 樓
電話：+852-2508-6231　傳真：+852-2578-9337
Email：hkcite@biznetvigator.com
馬新發行所／城邦（馬新）出版集團 Cité (M) Sdn. Bhd.
41, Jalan Radin Anum, Bandar Baru Sri Petaling,
57000 Kuala Lumpur, Malaysia
電話：+603- 9057-8822　傳真：+603- 9057-6622
Email：cite@cite.com.my
印　　刷／卡樂彩色製版印刷有限公司
初　　版／ 2023 年 12 月
定　　價／ 450 元
I S B N／978-626-7337-95-0
E I S B N／978-626-7337-94-3（EPUB）

城邦讀書花園 布克文化
www.cite.com.tw WWW.SBOOKER.COM.TW